古典文學研究輯刊

初 編

曾 永 義 主編

第5冊

袁中郎性命思想與文學論述

林 美 秀 著

國家圖書館出版品預行編目資料

袁中郎性命思想與文學論述／林美秀 著 — 初版 — 台北縣永和市：花木蘭文化出版社，2010〔民 99〕

目 2+150 面；19×26 公分

（古典文學研究輯刊 初編；第 5 冊）

ISBN：978-986-254-369-6（精裝）

1.（明）袁道宏 2. 學術思想 3. 文學評論

126.7 99018477

古典文學研究輯刊

初 編 第 五 冊 ISBN：978-986-254-369-6

袁中郎性命思想與文學論述

作　　者 林美秀
主　　編 曾永義
總 編 輯 杜潔祥
出　　版 花木蘭文化出版社
發 行 所 花木蘭文化出版社
發 行 人 高小娟
聯絡地址 台北縣永和市中正路五九五號七樓之三
電話：02-2923-1455／傳眞：02-2923-1452
網　　址 http://www.huamulan.tw 信箱 sut81518@ms59.hinet.net
印　　刷 普羅文化出版廣告事業
初　　版 2010 年 9 月
定　　價 初編 28 冊（精裝）新台幣 45,000 元

袁中郎性命思想與文學論述

林美秀　著

作者簡介

林美秀 1956 年生，嘉義市人，國立高雄師範大學國文研究所博士。2006 年自國立高雄應用科技大學文化事業發展系教授退休。著有：《中國十大鬼怪傳奇——到鬼怪世界走一回》、《袁中郎的性命思想與文學論述》、《漢語文學的古典傳統論述》、《王松詩話與詩的現代詮釋》、《江進之詩學理論與實踐》，及單篇論文若干。曾獲國科會及教育部等八次研究獎勵。

提　要

人文科學與自然科學的終極目標相同，都在展開對人的關懷，不過前者直接以人的心靈作為研究，後者卻以自然界的紛繁萬象為範圍，對象不同，而方法論卻常混同為一。人文科學過度借用科學實證、邏輯演繹、類型概括等方法，以固定的模式，對待不確定的存在感受，造成學術研究與生命特質的背離，論文成為呆板、冷淡的獨白。

因此，解讀袁中郎，我對自己的期許，便是能做到生命與生命的對話，要通其情理，與之感應，以尋找學術與生命的交點，不預設立場，作系統性建構，又能通於生命剎那的感受。方法上，則是詳讀原典，累積復活情境的基礎；然後針對生命的發展分階段論述，觀其流變。結構上區分為三部分，首章是方法論，中間四章是分階段作並時性與貫時性的交錯論述，末章則作貫時性提攝。

第一章袁中郎其人其學詮解的思考，先以〈中郎行狀〉為主要依據，檢視小修筆下的中郎，並與前輩學人的看法對照，比較方法論的異同，及其長短得失，尋思一相對恰當的詮解角度。其次，落實到原典中，觀察中郎的人生蕲向，並與前文論述對勘，重新確認他的學道蕲向。而後，基於近賢論述，著眼於文學，而捨其思想；或者擴大左派王學、資本主義萌芽，對晚明社會的影響，導致的執著表象、以偏概全的缺失，拈出回歸生命之流，再現歷史情境，作為論述策略，確立本論文性命思想與文學論述雙項並寫的型態。

第二章晚明社會與少年中郎思想的形成，以論世知人釐清晚明社會看似縱欲、頹廢、虛浮輕薄的亂象底層，實有一股內攝、檢省的文化走向；進而觀察中郎父祖師長等，在變動社會中的價值判斷與學問性格，及其對少年中郎雜學性格的影響，並釐清李贄對他啟蒙影響的誤解。

第三章生命豁醒後的性命思想與文學觀，這個階段的觀念，以在吳越期間的言論最具特色，是前賢所指公安派的全盛期。基於第二章對少年中郎思想性格的討論，以《金屑編》《敝篋》《錦帆》《解脫》《廣陵》諸集為依據，觀察萬曆十七年至二十五年（1589-1697），生命豁醒後關懷的重點，與前期比較，只是自覺與否，思想上但取禪宗解縛去粘的特質，執空破有，而無實際內容，文學主張亦由此生命情調而來，改革之說假借而已。

第四章二度出仕後性命思想與文學觀念的再變，約在萬曆二十六年至二十八之際（1698-1700），中郎上承解官後的家計壓力，又目睹政壇人性的變態演出，思想轉趨內斂，開始信仰淨土，文學觀念亦隨之調整，由對文壇主流的顛覆，轉為自我顛覆，提倡學、復古，本章以《廣莊》《西方合論》《瓶花齋集》為據，檢證其見聞思慮，詳察變化脈絡。此一階段以後的中郎，對往昔的著空破有、莽蕩禍生多有批判，卻最為人所忽略。

第五章柳浪歸隱後至三度出仕的思想發展與文學論述，討論晚年的思想發展，柳浪歸隱事在萬曆二十九年（1701），至三十八年（1710）辭世，長達九年，其間曾於三十四年三度出仕，（1706）到去世前幾個月才請假返鄉。併作一期討論，以其承續上一階段的內斂、沉潛，思想趨於穩實，文學觀念則越發縝密；並且約在三十二年（1704）之際，學術規模已然建構完成，因此不另區分。不過性命思想仍有證悟，由苦寂進而攝儒歸佛，在本章中亦予分節論究。

上述五章，首為輪廓速描，其餘四章論述各階段核心課題，期能呈顯中郎生命成長的心路歷程。第六章即返本即開新的生命實踐，則綜合以上討論，就性命思想與文學論述分別提攝，勾勒其遞嬗之迹；再即形迹，而見其道，就生命的觀點，詮釋他一生的學問，皆以了脫生死為核心而展開，懇切面對自我，妙於悔悟，自然通於當代文化脈動。

目次

第一章　袁中郎其人其學詮解的思考

公安一派，在晚明文學思潮中，不過居短短一、二載，由於受到五四新文學運動尋根的影響，被周作人、林語堂等人定位爲「中國新文學的起源」，此後七十年來，研究晚明文學思想論著觀察的角度，大多順著此一脈絡，遂將公安派膨脹爲晚明文學思潮的主流，論述策略，也大概繼承林語堂等考據訓詁的路向，大抵是詳其時代背景、生平事蹟，冀能論世知人，進而逆志以知人。此一方法的運用，對於我國重人的文學傳統——強調「有德者必有言」、「有眞人而後有眞知」、「文如其人」的創作理念，基本上是契合的，然則論世以知人的關鍵何在？以己意逆作者之志，如何力求準確？此中三昧殊難拿捏；何況既已預設公安派「新文學起源」的地位，時代背景、作者生平等基本資料，考究再清楚、縝密，也難免淪爲替人畫押的死資料而已，研究公安派的論著，多以袁中郎爲主，而中郎的面貌，卻始終模糊難辨，問題的癥結在此。因此，本文仍然從人的角度出發，放下一切價值成說，比對各家詮解角度的歧異，尋繹出方法論的長短得失，再考諸作者著述，釐清中郎面目，期能對其性命思想與文學論述，建立更爲相應的詮解策略。

第一節　檢視中郎其人定位的歧異

中郎兄弟、朋友中，過從最密切的是小修，著作中記載他的事蹟最詳細的也是小修，二人手足情深、志同道合，最能相知相惜，小修〈吏部驗封司郎中中郎先生行狀〉（以下簡稱〈中郎行狀〉）即是記載中郎生平事蹟最完整的重要文獻，敘述兄弟情誼眞摯動人：

> 弟中道，少先生二歲，少同塾，長同校，以失母蚤（自按：蚤當作早）倍相憐愛。宦游南北，中道皆依之，如形影不離。自先生示病，即日禱于神，求以身代。已而逝，中道痛不欲生遂得血疾，幾死……乃痛定，欲裒次先生遺事，以求海內二三巨公爲志銘，以垂不朽……囑侄彭年草創。彭年曰：「侄也不文，而丁未以后事稍知之，（萬曆三十五年，1607），丁未以前事皆未知也。且大人在世時，不能一息離叔父，則始終知大人者，非叔父而誰？」（《珂雪齋集》，卷 18，頁 754）

爲兄長生病「日禱于神，求以身代」，絕非一般血緣兄弟可比，彭年爲中郎次子，尚且以小修爲撰述中郎行狀的不二人選，百代以下欲知中郎者，小修更是重要津梁。所謂「津梁」者筏而已，如何運用仍得小心謹慎，因爲小修既是中郎的親密兄弟，所聞所見固然是第一手資訊，但他心感意會之際，難免主觀的爲親者隱諱，何況渡筏者以能捨爲貴，若過於拘執反而容易轉爲蔽障，終究與驪珠無緣。基於這個考慮，下文檢視的角度，主要在客觀呈現小修的觀點，藉以和近賢論述對照，考察同異，辨明得失，並不專以小修的敘述爲判準。

據小修〈中郎行狀〉所述，中郎的人格特質大抵有兩點：

一、爲獨行君子

中郎的特立「獨行」，從小就可看出端倪：四歲能善應聲屬對，穿著新鞋，二舅惟學稱他是：「足下生雲」，他立刻就對應：「頭上頂天」；八歲喪母則見至性「不數哭，一哭即痛絕」；二十二歲那年與聞性命之學，如獲至寶，於是窮力參究「亡食亡寢，如醉如痴」，不數年就有超人之悟，「質之古人微言，無不妙合，且洞見前輩機用」，連伯修也有「非吾所及」之嘆，李贄也謂其「識力膽力皆迴絕於世」，具有「英特」之資。應世之道，早年主張衝破網羅，認爲「鳳凰不與凡鳥爭巢，麒麟不共凡馬伏櫪，大丈夫當獨往獨來，自舒其逸耳，豈可逐世啼笑，聽人穿鼻絡首」，晚年漸臻圓融，或文酒賞適、談禪論道，或折腰事人，勤於吏事，「入眞入俗綽有餘力」。

表現在政治情操上，任職吳縣縣令，「才敏捷甚，一縣大治」，前元輔申時行譽爲「二百年來，無此令矣！」初次攝理選曹事務，就嚴懲猾吏徇私舞文、把持銓政，並且訂立年終考察辦法，杜絕後患，任職吏部二年「一時清流，多見拔擢」，表現出知識分子不畏權勢，不貪非分，當下承擔的風骨。

在孝友的層面，中郎於尊長極見孝思，他多次出入仕途，父親七澤公的期望居重要因素，於庶出二弟，更極力提挈，以慰親心；對待朋友亦富義氣，常慷慨解囊救助貧困，是位有主見、重情義的溫厚君子。

二、爲人乾健精進

小修筆下的二兄，非僅爲一慧業文人，更是勇猛精進，不斷悔變的修行者，他一生矢志於性命之學，由禪悟入門，而繼之以嚴密持戒，先是以李贄「冥會教外之旨」，三度造訪論學，萬曆二十七年（1599）以後，則批判李贄的教外之旨尚欠穩實，以爲「悟修猶兩轂也，向者所見，偏重悟理，而盡廢修持，遺棄倫物，偭背繩黑，縱放習氣，亦是膏肓之病……遂一矯而主修，自律甚嚴，自檢甚密，以澹守之，以靜凝之。」

生命境界也因之區劃出幾個不同的階段，初則狂放自恣，縱情任性，終則風流韻致，沈雅圓融。任職吏部時，尚書孫丕揚素以挺勁嚴厲著稱，偶爾與屬吏議事不合，往往盛怒推案而起，眾人錯愕不知置對，中郎則從容挺身調停，化解一場誤會；吏部選君身握重權，請謁奔競的風氣很盛，因此，「他人作吏部，閉門惟恐見客」，他作吏部則是「不拒客，客亦不能爲累」，一改未出仕前「鳳凰不與凡鳥爭巢，麒麟不共凡馬伏櫪」之類的斬截、孤傲的作風。

文學觀念也是如此，雖一貫主張「發爲語言，一一從胸中流出」，而凡所創作，則筆隨歲老展現不同的胸襟與風貌，由擺脫桎梏「浩浩焉如鴻毛之遇順風，巨魚之縱大壑」，晚年則「渾厚蘊藉，極一唱三歎之致，較前諸作又進一格矣」。並且對胸中情意的界定也由「偭背繩墨，縱放習氣」的激情，轉化爲「以澹守之，以靜凝之」的敦厚之情，因此，一生雖僅得下壽，卻能「去若坐化」深得道妙（詳《珂雪齋集》，卷 18，頁 754-764）。

這種人格型態的形成，部分是天生本俱，但後天的習染、家學淵源、乃至整個時代文化思想，也都提供滋養的土壤，他的義氣、孝思、懲奸、立法、通達、兼濟……都是乾健精進下，對傳統社會價值體系的認同與回歸（另詳第二、四、五章），所謂「特立獨行」，是膽識過人，不苟隨於流俗而已。

五四以來，學者眼裡的中郎大抵則是：

一、爲晚明浪漫文學的倡導者

這個看法源自錢謙益《列朝詩集小傳・袁稽勳宏道》:「中郎之論出，王李之雲霧一掃，天下之文人才士始知疏瀹性靈，搜剔慧性，以蕩滌模擬塗澤之病。」（頁 567）此等清人的看法，〔註1〕融入民國初年新文學運動的尋根意識，被周作人推尊爲「中國新文學的源流」，〔註2〕稍後林語堂與周作人、郁達夫、魯迅提倡晚明文學，爲重印《袁中郎全集》作序，都從浪漫的角度論述，〔註3〕劉大杰論〈袁中郎的詩文觀〉即指出：

> 一方面努力新文學的創作，同時又鼓吹新文學的理論，正式提出文學革命的口號，向模擬的古典主義，加以激烈的攻擊，創造新的浪漫文學的人，是公安派的領袖袁宏道。(《袁宏道集箋校，以下簡稱錢校・附錄三》，頁 1742-1743)

強調中郎與當代文壇主流復古派後七子的對立關係，凸顯其文學改革的形象。

爾後薪火相承，迄至晚近的研究者雖然討論的詳略有別，歷史時空特殊的課題因緣與時俱逝，觀察的角度仍不出「反模擬」、「浪漫文學的倡導」等等脈絡，周質平《公安派的文學批評及其發展》，以爲「公安派的理論基本上是反復古、反模擬的」，〔註4〕廖可斌《復古派與明代文學思潮》立有專節〈浪漫文學思潮的盛行與公安派等〉（頁 507-518），黃保眞等《中國文學理論史》將公安派視作「明後期的文學解放思潮」的代表（頁 275-312），吳兆路《中國性靈文學思想研究》將公安派列爲「走向近代的性靈」（頁 92-107），皆是如此，突出中郎的某一正向，將「模擬」與「性靈」作化約性的思考，至於作者掌控文字所抱持的心態爲何？理念如何？以及何以如此之故等，也就不及細論了。

〔註1〕《明史》、《四庫全書總目提要》，朱彝尊《明詩綜》，沈德潛《明詩別裁》以至陳田的《明詩記事》，都有類似的看法。

〔註2〕1932 年三、四月間，周作人曾於輔仁大學演講，首度標舉此說，其後紀錄付梓刊行，即用作書名。

〔註3〕周氏、郁氏〈重印袁中郎全集序〉、林氏〈有不爲齋書序〉與劉氏〈袁中郎的詩文觀〉等文係從風流倜儻、忘情山水的角度詮釋「浪漫」，而阿英〈袁中郎全集序〉則從批判現實的革命情懷去理解(詳《錢校・附錄三》，頁 1734-1768)。此一脈絡下界定的「浪漫」，雖然形迹有別，都不免是意氣激揚的行爲表現，帶有濃厚的抗議色彩。

〔註4〕周氏對七子「復古」、「模擬」的主張，與中郎「反復古」、「反模擬」的意涵，有較深刻的看法，惜仍未能跳脫類型化約的思考。

二、師承李贄童心說，具有反傳統、反封建的革命精神

中郎兄弟確實曾三訪李贄問學，但將問學膨脹爲「師事」，則仍源自清人的說法。萬曆四十七年（1619）畢懋康〈袁中郎全集序〉，稱中郎是「羅縷師門，沉酣眾妙，合而鎔之，師以百氏。」（《錢校・附錄三》，頁 1713），明人譚元春〈袁中郎先生續集序〉則說：「目察公之用心，其議不待人發，而其才不難自變。」（同前揭書，頁 1715），皆未將中郎與李贄視爲師承關係。

清初錢謙益《列朝詩集小傳・袁稽勳宏道》則說：「中郎以通明之資，學禪於李龍湖，讀書論詩，橫說豎說，心眼明而膽力放，於是乃倡言排擊，大放厥辭。」（頁 567）才確立師承李贄的反傳統形象。劉大杰《中國文學發展史》、《中國文學批評史》，郭紹虞《中國文學批評史》，顧易生、王運熙主編《中國文學批評史》，黃保眞等《中國文學理論史》，都順著這個脈絡，論述中郎的思想淵源及其特質。

此外研究晚明性靈文學的專著，更加推闡細論，由李贄上溯泰州學派，談王門流風在晚明思潮中的主導地位，及其對當代文學論述與實踐的影響，吳兆路《中國性靈文學思想研究》，在〈性靈與陽明心學〉一章勾勒這段發展說：

> 正是在泰州學派的影響下，李贄開始重視人生的物質利益和情感慾望，並對當道者表現出一種無所畏懼的姿態……晚明性靈說的倡導者袁宏道，也與王學有著直接或間接的關係……他與王學發生關係，更多的表現在他師事的李贄和焦竑身上……中郎見到李贄的異端學說後，即刻變得欣喜若狂，思想發生了明顯變化，「獨抒性靈，不拘格套，非從自己胸中流出，不肯下筆」等語，正是從李贄童心說而來。（頁 174-175）

堪稱爲此類論述的典型，曹淑娟《晚明性靈小品研究》，以及上述周質平、廖可斌諸作大抵如此。

這個角度將晚明思潮定位在王學的籠罩之下，又將師友往來多元複雜的關係，簡化爲直線單向的啓承影響，從接受美學來看，接受主體的關鍵地位已然喪失，泰州學派與陽明心學、李贄與泰州學派、乃至中郎與李贄關係的論述，就值得推敲了，再者明代「科舉定式」，四書以《朱子集註》爲據，程朱一派是否衰頽隱晦，致令王學獨撐大局？也有待商榷。〔註 5〕

〔註 5〕關於晚明王學的發展，尤其是針對李贄、羅近溪、焦竑等，被視作與公安派關係密切人物的討論，龔鵬程在《晚明思潮》一書，有精闢的看法（詳頁 1-134）

比較小修與近賢的論述，可以發現其間的歧異：首先是人生的定位不同，小修認爲中郎所重在「道」，雖然生命階段不同，所悟的境界也不一樣，修持法門亦屢屢改易，人生理想標的卻始終一致。近賢則逕視之爲慧業文人，或以爲他雖談禪論性，大抵不甚了了，〔註 6〕或逕捨思想不談而特別凸顯其文學成就。其次是性格的認定有別，作爲次兄的中郎，具有英特俊傑之資，既是忠孝節義的慷慨之士，又是風流蘊藉的澹雅文人，早年不免年少輕狂，晚年則入眞入俗綽有餘力，趨於恬澹自得。而近賢則認爲：中郎是立於社會價值體系的對立面，他的反封建、反禮教，追求自由獨立的精神，正是成就爲「英雄俊傑」性格與浪漫文學思想的基本要素。

同一中郎何以形成如此迥異的論述？蓋在方法論上已然有別，視域自然受到影響，就觀察角度看：小修筆下的中郎，是取自生活中活活潑潑的生命，有成長的喜悅與艱辛、有扮演各種角色的面貌；近賢觀察的憑藉則是一些失去歷史時空的文本，文本經過理性建構，充其量不過是「實錄」而已，何況通過篩選後的文本，去解讀複雜的生命，無疑是更加困難的。就論述的意圖看，小修〈中郎行狀〉自道是「哀傷中直述其事，百不既一，伏惟大君子採而誌之」（《珂雪齋集》，卷 18，頁 764）他的敘述固然有待檢證，而保留中郎整體形象的意圖則昭然可見；而五四時期的賢哲則別有用心，胡適、林語堂、周作人等係爲新文學尋根而發，魯迅則意在倡導「革命文學」，近代學者受其影響，而意識型態的干擾更爲紛繁，主觀意識的投射下，視域更形偏狹，以致無法客觀捕捉歷史情境，筆下人物就易流爲扁平式的素描。

何況他們論述的依據，源自錢謙益《列朝詩集小傳・袁稽勳宏道》，而錢氏本人對三袁師承的意見，又頗不一致，他在同書爲〈袁庶子宗道〉作傳，則又改口宣稱：「公安一派實自伯修發之。」（頁 566）可見，詮解中郎其人其學，若只圖方便，輕易援引他人的意見，無論時代遠近，論者聲望如何，都不能保證萬無一失。再者，從方法論來談，割捨中郎生命中的其他領域，直接從文學層面入手，非但不能窺其全貌，抑且淪爲自說自話而已。因爲中國

可提供研究晚明思想與文學論述的新視域。

〔註 6〕周作人〈重印袁中郎全集序〉就表示自己不好此道，認爲中郎談佛學與「東坡之喜歡談修煉也正是同樣的一種癖」，而未加以研究（詳《錢校・附錄三》，頁 1756），錢伯城則逕謂中郎佛學毫無價值：「宏道於佛學並無深研，觀其《西方合論》，僅能以念佛誦號教人修行，可知與一般佛徒相差無幾。」（《錢校・曹魯川尺牘箋》，卷 5，頁 254）

文學傳統是以生命本位爲主流，文學觀念的形成，往往植根於生命關懷的重心，設若不能窮究中郎的人生蘄向，一切詮解都只是玩弄作者的文字遊戲，僅供參考而已。小修有感於時人對中郎的誤解，泥守舊習者責其破律蔑法，不根學語者，取少年率易之語效顰學步，當時即已高聲呼籲重新認識中郎：「今全集具在，請胸中先拈卻『袁中郎』三字，止作前人未出詩文，偶見於世，從頭至尾亶目力而諦視之。」（《珂雪齋集・袁中郎先生全集序》，卷 11，頁 522）吾人欲解讀中郎生命關懷的重點何在？其人如何？透過作者的性靈之聲心領神會，也是不可或缺的基本工夫吧！

第二節　中郎的人生蘄向

宗道以「白蘇」名齋，中郎、小修自視前身即東坡兄弟，〔註 7〕兄弟三人對東坡的態度，也往往被視作文學師承的關係，錢謙益《列朝詩集小傳・袁庶子宗道》即倡此說：

> 伯修在詞垣，當王李詞章盛行之日，獨與同館黃昭素厭薄俗學，力排假借盜竊之失，於唐好香山，於宋好眉山，名其齋：「白蘇」，所以自別於時流也。其才或不逮二仲，而公安一派實自伯修發之。（頁 566）

文學上的「公安一派」如何界定？「伯修發之」的影響面如何？此處暫不討

〔註 7〕小修〈書雪照冊〉記此事：予因假寐，俄至一處，見一龐眉老僧，語予曰「公等欲知宿世之事乎？中郎前身即蘇公子瞻，公即子由也。子瞻息機也遲，而中郎息機也早。遲則蹶，早則無咎，其有所懲而然。與公前生稍沈靜，今生稍流動，而其所就亦稍廣大，大略同也。」予因問之：「師何人也？」老僧笑而不答。予遂寤，時諸公論難方熾，予以所夢質之，皆躍然……（《珂雪齋集》，卷 21，頁 880-881）中郎〈識雪照澄卷末〉即藉此事打趣：『明教曰：「然則老僧謂公爲坡後身云何？」余曰：「有之，嘗聞教典云：前因富奢極者，今生得貧困身。坡公奢於慧極矣，今來報得魯鈍憨滯，固其宜也。」明教目雪照，照撫几久之。』（《錢校》，卷 41，頁 1220）雖出之以詼諧，由「照撫几久之」語，可想其胸臆，事實上中郎在詩文中，亦常明白表示對東坡的景仰：「詩有餘師禪有友，前希李白後東坡。」（《錢校・贈黃平倩編修》，卷 12，頁 623）〈答梅客生開府〉函中，更將東坡詩置於李白、杜甫之上：「青蓮能虛，工部能實……蘇公之詩，出世入世，粗言細語，總歸玄奥，恍惚變怪，無非情實。蓋其才既高，而學問識見，又迥出二公之上，故宜卓絕千古。」（《錢校》，卷 21，頁 734）〈與李龍湖〉信則直譽爲：「有天地來，一人而已。」（《錢校》，卷 21，頁 750）

論，而認爲東坡是公安文學的宋代宗師則不容置疑，此後劉大杰《中國文學批評史》、陳萬益〈蘇東坡與晚明小品〉（詳《晚明小品與明季文人生活》，頁1-36）、吳兆路《中國性靈文學思想研究》等，也都在此一前提下展開對三袁文學的論述。

然而東坡得以在明代享有盛名，並非肇自三袁的標舉，陳氏〈蘇東坡與晚明小品〉論之甚詳：有明一代，蘇文選集的發展，可分爲三個階段，李贄《坡仙集》以前一段，諸家評註多著眼於段落呼應、文法結構，以提供舉子進身之階爲主。《坡仙集》刊行之後，則跳脫此一格套，評註鋒穎迅捷，或以談論名理爲貴，或時出之諧謔；此後至萬曆末年，如袁宏道的《東坡詩選》、陳夢槐《東坡集選》等作都是同一風氣下的產物。天啓、崇禎以後則另爲一段。中間階段二十年左右的時間，盛行的是東坡小品小說，他因此認爲東坡正是「獨抒性靈、不拘格套的文學主張下，高抬出來的新包裝的典範」。東坡的確在不同的詮釋脈絡下，不斷的被重新包裝，但是標舉一位在當代被「舊勢力」已然肯定重視的人物，〔註8〕作爲「文學改革」的號召，是否有以子之矛攻子之盾的嫌疑呢？再者明代東坡的「性靈文學」面貌，發自李贄，而中郎對他的「包裝」卻不完全贊同：「宏甫選蘇公文甚妥，至於詩，百未得一。」（《錢校・答梅客生開府》，卷 21，頁 734）那麼所謂「新包裝的典範」又是何等面目？

中郎在萬曆二十六、七年左右（1598-1599），〔註9〕才認眞研讀宋人文集：

> 弟近日始遍閱宋人詩文，宋人詩，長于格而短於韻，而其爲文，密于持論而疏于用裁。（《錢校・答陶石簣尺牘》，卷 21，頁 743）
>
> 近日始學讀書，盡心觀歐九、老蘇、曾子固、陳同甫、陸務觀諸公文集，每讀一篇，心悸口呿，自以爲未嘗識字。（《錢校・答王以明尺牘》，卷 22，頁 772）

二函是他在北京擔任教職時所作，前此早在吳令期間，已強烈批評模擬文字之不當，因此，究竟是中郎遠祧東坡的文學，抑且是中郎在東坡身上發現自己的價值典範？

他〈答王以明〉函自述讀宋代諸公文集的心得：

〔註 8〕當時後七子領袖王世貞亦編選《蘇長公外紀》，萬曆二十二年（1594）刊行。
〔註 9〕作品繫年若無加註，則皆以《錢校・箋》爲據。〈答梅客生開府〉箋註時間在萬曆二十六年（1598），〈答王以明〉在萬曆二十七年（1599）。

> 古人微意或有一二悟解處，輒叫號跳躍，如渴鹿之奔泉也。(《錢校》，卷 22，頁 772)

所謂「古人微意」絕非章法結構、文法修辭之類，而是隱藏在文章背後搦管操筆的作者性情，讀不到這裏，就是不知學：

> 余謂文之不正，在于士不知學，聖人之學，惟心與性……既不知學，於是聖賢，立言本旨，晦而不章，影猜響覓，有如射覆……(《錢校》，卷 18，頁 297)

他這種「叫號跳躍」的得意之情，和李贄編註《坡仙集》的快樂一樣：

> 《坡仙集》我有批削旁註在內，每開看便自歡喜，是我一件快心卻疾之書。大凡我書，皆是求以快樂自己。(《續焚書・與袁石浦》，卷 1，頁 47)

> 《坡仙集》雖若太多，然不如是無以盡見此公生平，心實愛此公，是以開卷便如與之面敘也。(《續焚書・與焦弱候》，卷 1，頁 34)

他們共同的思考邏輯有二：其一、讀古人文章旨在知其微意，也就是「開卷便如與之面敘」、「盡見此公生平」，讀詩文貴在讀「人」。其二：悟解古人微意之樂，或自作批削而能快心卻疾，個中三昧都不只在於肯定自我的詮釋，反而是「東坡註我」百代知己相逢的喜悅。李贄就曾針對純就文學的角度看待東坡的現象，提出批評：

> 蘇公何如人？故其文章自然驚天動地，世人不知，只以文章稱之，不知文章直彼餘事耳，世未有其人不能卓立，而能文章垂不朽者。(《李溫陵集・復焦秣陵》，卷 4，頁 215)

可知與李贄、中郎「共游」的東坡，並非單純作爲一個文學典範，而是心實愛此公，更有生命情調的相契。

與中郎約在同時的陳繼儒，談東坡也著眼於其人，他在《太平清話》中，更清晰的描繪出對東坡的欣慕：

> 東坡父老泉，弟子由，前輩韓、范、富、歐、張方平，後輩陳無己、張文潛，同曹梅聖俞、曾子固、米元章、黃魯直、秦太虛，收藏家王銑、趙德麟、李公擇諸輩，妻王縣君，妾朝雲、琴操，方外之友佛印、參寥，子過、邁、迨。人生之樂，無過老坡，直可與漢武得人之盛相抗衡也。(卷下，頁 53)

這段話或許可以代表晚明文人對東坡的共同心聲，他們羨慕東坡詩文書畫的藝術成就，嚮往東坡談禪論道的應世態度，乃至風花雪月、紅粉相隨的生活雅趣。……總而言之，他們在東坡身上找到「生命價值」的典範。

董其昌談論晚明的蘇學風氣，便指出這種自由心證、各取所需的情況，所形成的浮淺不實的怪現象：

> ……海內學者非盡讀蘇氏之書，爲蘇氏之文也。不主蘇學而解粘去縛，合於蘇氏之學，不讀蘇氏書，而所嗜莊貫釋禪，即子瞻所讀之書，不作蘇氏文而虛恢諧謔、瀾翻變幻，蒙童小子，齒類筆端，往往得之。（《容臺集．鳳凰山稿序》，卷 1，頁 205-206）

晚明文致、文品、古文品外錄、笑話、小話等書籍廣受青睞，正與東坡新形象——虛詼諧謔息息相關。

虞淳熙就曾論斷中郎「得其滑稽之口而已」，〔註 10〕姑不談此言是否確當。而陳繼儒稱羡的「東坡之樂」，的確可在中郎身上找到影子，他出入儒、釋、道三家，整理公安二聖寺的佛門經典，〔註 11〕作《廣莊》推闡莊子思想，作《西方合論》、《宗鏡攝錄》提倡淨土，擬定佛寺物力、人力管理辦法，標舉陽明心學，以近谿、龍谿得王學眞傳等等，都展現對「道學的高度興趣」。〔註 12〕他也愛流連山水、詩文酒會，作《觴政》、《瓶史》，〔註 13〕是位風流韻藉的「楚名士」。〔註 14〕兄弟三人皆一時之俊，師友交游亦多卓犖之士，如：舉業座師馮琦、焦竑，問學於李贄，友僧無念、陶望齡兄弟、黃平倩、江進之……等，或以談禪論道，或以賦詩賞玩，宛然「坡仙」再世。

然而仔細推敲中郎問學的方向，顯然不是從學術的角度出發，純粹的疏通各家義理，更大部份是一種主觀生命體證的註解，例如他作《廣莊》，在〈答

〔註 10〕虞淳熙〈徐文長集序〉說明東坡跨代引領明代文壇的情況，指出：「當時文苑，東坡臨御。東坡者天西奎宿也，自天墮地，分身者四：一爲元美……一爲若士……一爲文長……袁郎晚降，得其滑稽之口而已。」（《錢校．附錄三》，頁 1716）

〔註 11〕《錢校》錄有〈初夏同惟學、惟長舅尊游二聖禪林檢藏有述〉四首（卷 1，頁 4-5）即記檢校二聖寺正法樓藏經之感。

〔註 12〕《宗鏡攝錄》小修有序，載於《珂雪齋集》（卷 11，頁 518），有關僧徒管理辦法，散見《錢校》〈眾香林疏〉、〈題供僧籍〉（卷 40，頁 1199-1201）、〈新建眾香林碑記〉等文（卷 54，頁 1556）。

〔註 13〕《瓶史》、《觴政》收於《錢校》本中（卷 34，頁 817-828；卷 48，頁 1415-1423）。《瓶史》記插花、養花之道，《觴政》是醉鄉甲令，皆爲文人雅事。

〔註 14〕時人蕭雲舉曾向太宰孫丕揚介紹：「此公安袁宏道名士也。」（詳《珂雪齋集．中郎行狀》，卷 18，頁 761）

李元善〉信中就明白表示這種態度：

> 寒天無事，小修著《導莊》，弟著《廣莊》，各七篇。導者導其流，似疏非疏也；廣者推廣其意，自爲一《莊》，如左氏之《春秋》、《易經》之《太玄》也。（《錢校》，卷22，頁763）

既是「如左氏之《春秋》，《易經》之《太玄》」，推廣之意就可以瀾翻變幻自爲一《莊》。

大抵不出魏晉以「無」、「自然」匯通三教的思考脈絡：

> 夫天命者，不生不死之本體也。何言天？非人是已。天與人對，非人者，非耳非目非口鼻，非心意識也。既已非耳非目非口鼻非心意識矣，我何在？我相盡即道。即已無耳無目無口鼻無心意識，即天下之耳目口鼻，一時頓盡矣，人何在？人相盡即教。教之一字，尤爲喫緊，位天育物，總是教體。心淨土淨，曰位，胎卵滅度，曰育。性如是教，非是強爲，爾我生死，了不可得。噫，金口未宣，木鐸先啓，涅槃妙路，實肇數仞，天人導師，非孔誰歸？莊去孔聖未遠，七篇之中，半引孔語，語語破生死之的，儻謂蒙莊不實，則《中庸》亦僞書矣。（《錢校・大宗師》，卷23，頁81）

此處順著《中庸》第一章的文理「天命之性，率性之謂道，修道之謂教……喜怒哀樂之未發，謂之中；發而皆中節，謂之和。中也者，天下之大本也；和也者，天下之達道也。致中和，天地位焉，萬物育焉。」融入三教思想；以「不生不死之本體」解釋「天命」、「道」，基本上是佛家觀點，而中郎於此是通貫道家、儒家立說的，道家無而妙有的道體，儒家生生不息的創造實體，與釋家「不生不死之本體」本質不同，但其爲無相實存的普遍性眞理則一，他即據此而混同三教之「道」，進而將修道之教化約爲「自然」而已，只要「非耳非目非口鼻非心意識」六根滅盡，則自然是道，也自然是教——心淨土淨，胎卵滅度，和同萬物了。三教既然可以匯通爲一，以時間論，孔學最早，故曰「天人導師，非孔誰歸」，而莊子「去孔聖未遠，七篇中半引孔語，語語破生死之的」。「無」、「自然」的確是三教共法，但中郎著眼於此，又特別標舉儒學，只是面對萬曆二十六年（1598）政局的不安，重新思考出的自我安頓之道。

約在同時的佛學作品——《西方合論》，也展現內歛的思想傾向，此書以華嚴疏釋淨土，一改吳令時期的狂禪信仰，聖嚴《明末佛教研究》推崇此書是「明末淨土諸書中最具氣魄的一種」，但又批評其缺失：

> 此書思想並無太多淨土思想的突破處，除在理觀上加深加廣，開拓了淨土法門的視界之外，對於實際修行生活的指點及方法的改革，未見新貌。（頁 126）

這是僅從學術義理的角度思考，而未見中郎意圖之論，他在《西方合論・自序》已說得明白：

> ……五葉以來單傳斯盛，迨於今日，狂濫遂極，謬引惟心，同爲無爲之外道，執言皆是，趨五欲之魔城……楞伽傳自達摩，悟修並重，清規創始百丈，乘戒兼行，未聞一乘綱宗，呵叱淨戒，五燈嫡子，貪戀世緣……今之學者，貪瞋邪見，熾然如火，而欲爲人解縛，何其惑也……余十年學道，墮此狂病，後因觸機，薄有省發。遂簡塵勞，歸心淨土，禮誦之暇，取龍樹、天台、智者、永明等論，細心披讀，忽爾疑豁。既深信淨土，復悟諸大菩薩差別之行，如貧兒得伏藏中金，喜不自釋。（頁 468-469）

他因對自己年少行徑深刻的反省，聯帶檢視當時佛教界狂禪一派貪瞋邪見，而指出專意持戒修行、念佛往生的價值，提振淨土是他的本懷，至於指點實際修行生活，或改革修行方法，並非其旨趣所在。伯修在《西方合論・序》中也指出這種事實：

> 石頭居士少志參禪，根性猛利，十年之內，洞有所入，機鋒迅利，語言圓轉……痛念見境生心，觸途成滯，浮解實情未能相勝，悟不修行，必墮魔境，佛魔之分，只在頃刻，始約其偏空之見，涉入普賢之海。（頁 466）

可見援儒釋入道，或由禪入淨，都說明中郎學道，是基於自己生命的課題而發，因此，在義理觀念上無所開拓，只是對不同修行法門的價值認定有所調整而已。

他擔任吳地縣令時，辦事幹練、政治清明，文酒之場、山水之會也不寂寞，江進之、張幼于、方子公、丘長孺、曹以新等，都是這個時期結交的好友，但他卻深以「無人與談性命之學」爲憾，在給師友的信中一再論及此事：

> 吳中無語我性命者，求以明先生一毛孔不可得，甚哉！法友之難也……夫吳中詩畫如林，山人如蚊，冠蓋如雲，而無一人解語，一袁中郎，能堪幾許煎爍？（《錢校・王以明尺牘》，卷 5，頁 223）

又給忘年友潘去華的信，也明白表示「學道」的心願：

不肖終要自己尋一出頭，或仙或佛，決不敢從他人問路。(《錢校・潘去華尺牘》，卷 5，頁 245)

即使是最放浪形骸，最符合「浪漫主義」自由解放標準的輕狂中郎，其一心辦道之意已堅如磐石。所著力在此，生命體悟不同，思想境界稍改，自然帶動文學觀念的演變，這也和東坡詩文選集，在有明一代發展的狀況，同一道理。

第三節　從生命觀點解讀中郎其人其學

以「學道」爲人生蘄向的中郎，和文學史上的中郎，自有其必然的關聯性，就中國文人傳統中對神聖型作者的重視，〔註 15〕學道與學文並不相妨礙，學道可以增加對感性生命的體驗，開拓價值思考的領域，以作爲詮釋、批判的資材；學文可以藉由文本參與存在的種種經驗，熟悉語言結構的經營技巧，道因文而弘顯、文因道而神聖，二者因辯證性的融合而相得益彰。因此，研究袁中郎，僅著眼於文學成就，而忽略思想的演變，是買櫝還珠之舉。正本清源之道，要先尊重他以學道爲人生蘄向的事實，釐清思想與文學在他整個生命中所居的分位，進入本文所提供的視域，才可能作出較爲相應的解讀。

例如中郎自己就提出許多文學論點：

余與進之遊吳以來，每會必以詩文相勵，務矯今代蹈襲之風。(《錢校・雪濤閣集序》，卷 18，頁 710)

詩文是吾輩一件正事，去此無可度日者，窮工極變，舍兄不極力造就，誰人可與此道者？(《錢校・黃平倩尺牘》，卷 43，頁 1295)

近時學士大夫，頗諱言詩；有言詩者，又不肯細玩唐、宋人詩，強

〔註 15〕中國較早的作者觀，往往將創造的力量神聖化，將作者之名歸於古聖先哲，任何人通常以述者的身分參與作品、傳述作品，而不敢獨居創作之名，此即《禮記・樂記》所謂「作者之謂聖，述者之謂明」的道理。通過這種神聖性作者的觀念，作爲使徒的述者，也必須以學習古聖先哲，探尋眞理自任，《中庸》說「仲尼祖述堯舜，憲章文武」，《漢書・藝文志》說後來的儒者「祖述堯舜，憲章文武，宗師仲尼」，這種情況構成歷史上儒家性格的作者觀，在文學史中常以不同的面目出現（參閱龔鵬程《文化符號學》第一章〈中國文人傳統之形成：論作者〉，頁 3-20）

> 爲大聲壯語，千篇一律。須一二賢者極力挽回，始能翻此巢窟。（《錢校・又答張東阿尺牘》，卷 21，頁 754）

> 今之作者，見人一語肖物，目爲新詩，取古人一二浮濫之語，句規而字矩之，謬謂復古，是迹其法，不迹其勝者也，敗之道也。（《錢校・敘竹林集》，卷 18，頁 700）

嚴厲批評模擬文字之不當，「務矯今代蹈襲之風」云云，儼然以文學改革自許，以一代宗師身分發言，但是因而就判定他是矢志於此，恐怕是蠡測之見。萬曆二十七年（1599），他在〈答陶石簣〉信中，自述學道心得，提及曾有停斷作詩之舉：

> 弟自去年九月已斷作詩，偶探奇。不免見獵耳。（《錢校》，卷 22，頁 791）

可見，「作詩」只是一時見獵心喜技癢之爲，他所看重的有甚於此者，那就是學道、以安頓情識欲望的騷擾。因此單純的就文學而言，或以文學爲優位的考慮，已經錯失了解讀的方向，如果先確立學道這個人生蘄向，以此爲本，爲文是末，由本貫末，才是解讀中郎性命思想與文學論述的基本前提，順著這個觀點看停斷作詩之舉，才顯得順理成章，這和孔子「有德者必有言」、莊子「有眞人而後有眞知」等重道的傳統是一致的。他的道侶小修、黃平倩等不愛保存作品的心態，也與此同證。〔註 16〕

中郎在〈敘曾太史集〉也明白區分文道的關係：

> 夫文，道之貌也……昔人謂茶與墨有三反，而德實同。余與退如所同者眞而已。其爲詩異甘苦，其直寫性情則一。其爲文異雅樸，其不爲浮詞濫語則一。（《錢校》，卷 35，頁 1105）

詩文創作的語言結構是載體，「道」是裝載於其中的「本體」，「道」並非指形而上的終極價值指導原則，而是當下生命主體對情感經驗、價值層次的體驗，在他的系統中就是「眞」「性情」，詩文如果失去這些精神性的「主體」，就是「浮詞濫語」而已，以道、器的關係來說，道不可見，必須因文而顯，文是

〔註 16〕小修《珂雪齋集・遊居柿錄》十一載此事，說明自己與黃愼軒及其兄中郎對詩文存稿的看法不同：『初，愼軒、與中郎與予共修蓮社之業，遂欲去筆硯，故予庚子以後，詩文俱不存稿。愼軒亦然。惟中郎曰：「慧業文人學道，豈可盡廢文字？即有之，亦係秀媚精進而已。」故常加裒集，稿獨全。今日見愼軒集，十無五六存者，乃知中郎所見甚老成也。』（頁 1369-1370）其視學道重於爲文的心態可見一斑。

具體的存在，必須是即器即道，否則是一副冰冷、毫無血肉的語言結構。他在〈行素園存稿引〉中，也強調這個觀念：

> 物之傳者必以質，文之不傳，非曰不工，質不至也。樹之不實，非無花葉；人之不澤，非無膚髮也。文章亦爾……夫質者，道之幹也，載于言則爲文，表於世則爲功，葆于身則爲壽……（《錢校》，卷 54，頁 1570-1571）

失去「道」，「器」則爲殘甕敗瓦，不成爲「器」，所以說空有花葉仍不成爲樹，空有髮膚亦不得稱爲人，必須含納一些精神實體；才具備樹、人之「質」，以「質」爲道之幹，在樹爲「實」，在人爲「澤」，「道」是生命體驗的境界，學道越深，境界越高，情志體驗越豐富，價值思考層次越高，爲文則可傳，表世有則功，葆身則得壽，仍然是強調詩文載體必須是即器即道的特質。

至若如何由本貫末解讀中郎的性命思想與文學論述？這是無法一語道盡的，因爲以學道爲終生蘄向，隨著人生的歷練修持，生命境界、思想方向亦隨之改易，執持固定格套，欲以化約人生，則又陷入五四以來許多晚明文學研究者思考的覆轍；因此，解讀袁中郎，必須回歸到生命之流中，觀其生命波瀾，再現爲語言文本所提供的視域，方能較爲相應的探究他思想與文學觀念的演變。此處一再強調生命觀點，似乎犯了一個錯誤——以爲在歷史時空中具有實際行爲表現的作者，等於存在語言結構中的作者，這種作者雙重身分的問題，是詮釋者面對文本必須謹愼從事的；歷史現實的作者、文本結構的作者，乃至詮釋者，在解讀活動中是相互制約、相互滲透，而歸於辯證的融合，因此，所謂「生命觀點」，也是在一套相對確當的方法運作下，所掌握到的語言結構中的生命狀況。

強調「生命觀點」，一則重視主體本質上唯一特殊的存在，再則是強調其變動之勢，如此則解讀策略必須回歸到「袁中郎」這個情志主體上。以意逆志、知人論世是必要的方法，但是「意」的拿捏要能契合他的人生蘄向，進入文本的情志領域，試圖去體驗作者的情境感受，如本章第一節討論，五四以來諸賢的論述，或視之爲玩賞風月的才子名士，或標榜爲革命文學典範，都忽略一個關鍵性的重點——中郎生命的蘄向與整體全方位的發展如何？以致中郎成了詮釋者生命的註腳，徒供人斷章取義，任意類型化而已。論世以知人也不可冒然比附，作者生活在特定的歷史時空之中，思想觀念固然是以整個時代文化爲外緣，而亦有潛氣相通之處，但是潛氣之運，不必然是昭然可見的，反而常在疑似隱約之際，乍現機轉，因此，擴大陽明學說在晚明思潮的主導性，由陽明學談左派王學的狂禪而肆，再牽聯出嫡傳李贄的童心說，對公安文學決定性的影響力；或者從資本主義的萌芽，市民階層的興起，談晚明文學的情欲傾向（詳第二章第一節）；都過度主觀的膨脹了時代文化對個人的作用，而忽略生命主體回應時代的抉擇性與內因性。

因此，本論文的論述方法有四：

一、搜集作者著作，以精校為原則，務求完備，以利解讀

斯人已杳，也無法起古人於地下，詮釋者最可靠的資訊，就是作者遺留的文本，原典搜集完備與否，版本選擇是否慎重，都會影響解讀的可信度，收集不全，視域受到侷限，則無法作整全的觀照；版本不精，會誤導詮釋的角度；因此，原典的採擇，是解讀論述的第一步工作

中郎著作，大抵生前皆已手定刊行，雖有《狂言》、《狂言別集》之類僞作流傳，但小修在〈中郎行狀〉與〈袁中郎先生全集序〉及《遊居杮錄》中，已作詳細的辨析，只要再索諸原典，則著作書目，〔註 17〕可鉤稽無遺。至於版本流行，或單行、結集，或初刻、重刊，種類紛繁，周質平《公安派的文學批評及其發展・附錄四袁宏道的著作》（頁 231-245）與錢伯城《錢校・凡例》皆已作考訂，可以相互對照。

《錢校》以崇禎二年（1629）武林佩蘭居所刊，陸之選編《新刻鍾伯敬增定袁中郎全集》四十卷，收錄較各本爲全，〔註 18〕取作底本；依作者生前手定各集名稱、卷次、按年編列外，增補作者未編稿三卷，並作考訂箋校，輯爲新版全集。李健章在《袁宏道集箋校志疑・前言》中，讚美是：「體例整飭，徵引詳博，解決很多不易查考的難題，最便閱讀。」因取《錢校》爲據，與李氏之作比勘；另外收集蕅益大師選入《淨土十要》之《西方合論》，清響齋刊行，流落日本內閣文庫之《金屑編》、《壇經節錄》、《珊瑚林》等性命思

〔註 17〕中郎著作計有《敝篋集》、《金屑編》、《錦帆集》、《去吳七牘》、《解脫集》、《廣陵集》、《珂雪齋集》、《廣莊》、《西方合論》、《瓶史》、《瀟碧堂集》（收入德山麈譚）《公安縣志》、《破硯齋集》、《觴政》、《墨畦》、《華嵩遊草》、《場屋後記》、《未編稿》及《桃源詠》另有輯佚詩文 14 篇。

〔註 18〕錢氏以佩蘭居本爲四十卷，收錄較各本爲全。周質平《公安派的文學批評及其發展・附錄四，袁宏道的著作》二十一條則列爲二十二卷，並批評其「與其他諸集出入頗大，僅錄文，而不錄詩」並詳列目次，以證所言不誣（頁 242），觀點歧異甚大，筆者以《錢校》逆推，佩蘭居本除《金屑編》、《珊瑚林》、《西方合論》、《壇經節錄》及其他已佚者外，皆已收錄，或者周氏所論係爲殘本。

想之書四種，作爲原典解讀的依據，至於《公安縣志》三十卷，《批點韓柳歐蘇四大家集》、《宗鏡攝錄》皆已亡佚，只好割捨。

二、虛心體察文本作者的主體情志

五四以來研究晚明公安一派的學者，所以產生種種誤解，其中重要因素之一，就是缺乏回歸到原典的工夫，但憑主觀的去取，塑造一個想當然耳的典範。因此，重新解讀袁中郎，一定要充分尊重原典的優位性，不能信手拈來抽閱幾篇；或者將思想與文學論述分開處理，未能檢視其間的關聯；或者株守文本結構，忽略了言外活潑的歷史情境，以致死於古人句下。再者，尺牘往來最能掌握現實生活中作者的形象，不過一旦涉及現實生活中種種具體行爲、瞬間變化的情緒感受，以及受函者角色定位的問題，語言結構中的作者，不免自陷於矛盾，解讀者要能正視每一處問題，尊重「作者」的處境感受，綜攝出較相應的詮釋，如此地毯式的細步探索，才可確認作者生命之流的波瀾起伏。

三、依據生命境界、思想層次的發展，作概括性的分期

生命的發展是辯證性的，顯象中有隱象，漸強聲量中潛藏漸弱的因子，斬截的分期，是武斷的作法，不過爲方便論述，以突顯某一階段的思想狀況，及由此衍生的文學觀念的調整。本論文依照閱讀所掌握的資訊，將中郎的思想層次，概分爲四期：（一）萬曆十七年（1589）以前思想的形成，部分作品收於《敝篋集》。（二）萬曆十八年至二十五年（1590-1597），爲生命豁醒後的狂放生涯，始於《敝篋集》後期及《金屑編》爲下一階段的過度。（三）萬曆二十六年至二十八年（1598-1600），爲二度出仕後，面對政局的紛擾等等機緣，引發的思想大轉變，此期的主要討論文本爲《廣莊》、《西方合論》、《瓶花齋集》等。（四）萬曆二十八年至三十八年（1600-1610），爲宗道去世後的思想境界，隨著年華老去、悟境更高一著，種種變化在《瀟碧堂集》、《珊瑚林》、〔註 19〕《壇經節錄》、《破硯齋集》及未編稿中，可以找到線索。

四、旁證於時代文化現象，並取相關道友、文友的討論，作為解讀之助

就文本檢索語言結構中的作者，容易偏離研究主體，唯有將語言結構還

〔註 19〕《德山麈譚》原自《珊瑚林》選錄而出，《錢校》本附於《瀟碧堂集》中。另詳第五章註 13。

原爲一整全、生動的歷史情境，將言外的人事物納入思考、體驗，主體情志才能得到確切的尊重。所謂言外的人事物，包括傳統文化的包袱、當時社會價值觀念、中郎遭遇的時事糾葛，所面對的人情紛擾等，混雜而作用於人的力量，以及他面對這些壓力的回應。至於時人近賢的討論，固然涉及主觀的價值判斷、或情感因素，仍然取以對照比較，期能激盪出更相應的體悟。

五、基於上述討論，再回顧綜攝其思想與文學觀念的演變

分階段論述，可以觀察思想境界的波瀾起伏，是微觀的角度，繼之以綜攝論述，則是一種提挈，藉以彰顯思想文學觀念演變的總脈絡。

所有的詮釋同時也是一種創作，解讀袁中郎，其實也是在反省自己的生命，但是詮釋者相對於中郎而言，終究是個客體，客體絕不可逾越分際，貿然取代主體情志；從生命的觀點解讀中郎的性命思想與文學論述，無非是對作者的尊重而已，不過失卻了這個基本前提，便易衍生種種不相應的論述，這是筆者必須特別引爲借鑒的。

第二章　晚明社會與少年中郎思想的形成

黃仁宇撰作晚明歷史——《萬曆十五年》，認為：萬曆十五年（1587）在歷史上是平平淡淡的一年，「四海昇平，全年並無大事可敘」，實質上卻是整個政局轉變的契機（詳頁 2-40）。他在〈自序〉中表述寫作企圖是：要從「大歷史」的宏觀角度，一則呈現社會當日社會的輪廓，一則讓讀者「確切看到中國傳統的社會、政治、經濟、思想等等有他們的結構與節奏，也有他們牢不可拔的特點」，以及此一情況下，面對改革創造之際，必然衍生的困局。（詳頁 10）。關於「晚明」年代的斷定，見仁見智各有說辭，但是萬曆皇帝自元輔張居正過世後，即改絃更張逐漸搬演一幕幕的荒唐故事，卻是公認的事實。在此並非要借用政治史的分期區劃文學史，而是為了確認：萬曆十年（1582）張居正死後，明末的社會變動也逐漸進入高峰期，而所變動者並非全盤否定式的推翻，其中眞如黃氏所言，有傳統牢不易破的結構在，也有新時代的輪廓。中郎萬曆二十年（1592）舉進士第，年二十五，前此正是他第一階段思想的孕育期，當代文化現象如何？新時代的氛圍，根深柢固的傳統價值觀念，如何影響到年少英特的他？這些都關係他日後思想的發展，值得深入探討，以便釐清一些模糊影響之談，本章就從晚明社會變動的角度，觀察當代社會文化現象，進而探討少年中郎思想的形成。

第一節　晚明社會變動與文化現象

晚明社會變動極其頻繁，觀察此一狀況，大抵依據《明史》、《明實錄》、

《明史稿》、《萬曆邸鈔》等官方資料，或旁及私家史論如：趙翼《廿二史箚記》、顧炎武《日知錄》，各地方志，乃至筆記叢談，尋找事實證據，方法上則常常是平面的歸納出幾個大類，作爲時代的註記。因此政治黑暗，加上資本主義經濟形成的市民社會，以及王學末流赤手搏龍蛇狂放思想的鼓勵，造就晚明縱欲、頹廢、虛浮輕薄的亂象，就成了許多論者的共同結論。

就政治層面而言，自萬曆十年（1582），張居正去世之後，明朝政治之敗壞、綱紀之廢弛，眞如江河直瀉，神宗縱恣荒怠，不舉行朝會、不參與經筵講座，但晏處後宮，縱情聲色，〔註1〕卻又大力搜括民脂民膏以供揮霍，自萬曆二十四年（1596），先後設立礦監、稅監、鹽監、珠監等等名目，直接派遣太監至各地強索誣逼、横征暴歛，生民備受荼毒，以至民變屢起，〔註2〕趙翼《二十二史箚記》曾批評萬曆中礦稅之害，是導致明朝滅亡的罪魁禍首：

> 大璫小監，縱橫繹騷，吸髓飲血，天下咸被害矣……是時廷臣章疏，悉不省，而諸稅監有所奏，朝上夕報可，所劾無不曲護之，以故諸稅監益驕，所至肆虐，民不聊生，隨地激變。迨帝崩，始用遺詔罷之，而毒痡已遍天下矣。論者謂明之亡，不亡於崇禎，而亡於萬曆云。（卷35，頁1-3）

事實上，礦使之害只是冰山一角，其他如立儲的紛擾、章奏留中的鴕鳥心態、缺官不補的惡習、廷杖陋規、八股取士的偏執等，所暴露的制度缺失與權勢鬥爭，皆是啄蝕國本之蠹，萬曆一朝，除去前十年，眞可稱之爲「政治黑潮期」。

「政治黑潮期」與士人的仕途隱退，常被視作是因果關係，曹淑娟《晚明性靈小品研究》檢視晚明士人退離政治的趨向，便是自此著眼：

〔註1〕萬曆十四年（1586），神宗以頭疾爲由，停止早朝與經筵、日講，停止時日不加限制，此後更習以爲常，往往託病不出，然而隨後卻又傳出皇上飲酒過量，冶游無度、淫佚失當等令人氣沮之事。（詳《明實錄》頁3328-3336，及3376、3441、3460、3572）

〔註2〕自萬曆二十四年（1596），各類稅使四出，恣横騷擾，激發的民變有：萬曆二十七年（1599），反抗太監馬堂科及米豆的臨清民變，反抗陳奉發墓剖棺徵求金寶的武昌、漢陽民變；萬曆二十九年（1601），武昌百姓再起，陳奉懼而還京；又蘇州民變，殺織造太監；廣東、廣西亦因礦稅相繼起事。至萬曆三十三年（1605），罷徵礦稅，諸太監進礦銀幾三百萬兩，金、珠、寶、貂皮、名馬不計其數。此後稅務改歸有司職掌，然太監並未撤回，肆虐如故。（詳《中國歷史大事年表》，頁393-394；《明史・神宗本紀》，卷21，22，頁210-218）

> 晚明政治環境黑暗，統治者奢靡荒佚，行政制度失其理序，政壇風氣敗壞，考試制度亦不能合理拔擢人才，士人面對如此現實，普遍走向二種極端表現：狂熱投入或消極退離。前者如萬曆天啓間的東林運動，東林諸君子自負氣節，希望透過道德重建，整頓晚明的政治環境，但黨禍旋至，清流紛紛遇害，政治改革益發無望，士人在與權勢結構對抗中，一則容易受傷，再則容易變質，士人不再熱血參與，代之的是普遍退離政治的情緒。他們或者堅持布衣身分，不肯投入政場；或者也參加科考，任官受職，但心理上保持可以退離的自由……另尋安置其心力的領域，如山水、文學、繪畫、宗教等。（頁 141）

類似的觀點也出現在劉大杰《中國文學批評史》、顧易生與王運熙主編《中國文學批評史》中。〔註 3〕

從經濟層面觀察，明代常被視作爲中國資本主義的萌芽期，傅衣凌《明代江南市民經濟試探》討論此一問題，便說：

> 據我們底意見，則認爲中國資本主義生產萌芽的開始時期，當以明代嘉靖前後（1522-1566），也就是十六世紀爲一轉折點，而首先在江南及沿海地區表現出來。（頁 1）

吳承明、許滌新主編《中國資本主義發展史》，楊國楨、陳支平合著《明史新編》也同持此論，認爲「明後期」是個關鍵的轉變期。〔註 4〕「資本主義」是西方文化思想下形成的學術名詞，自有其特殊內容的界定，明代初期與西方文化殊少交流，傳統自然經濟結構的本質根深柢固，與西方社會結構差異很大，貿然套用並不妥當；但是自中晚唐以降，近代思想文化的發展，迄乎晚明，生產觀念、貨幣使用、賦稅政策、商品流通等，都累積出新變的面貌，的確是不爭的事實。

〔註 3〕劉大杰《中國文學批評史》第五編第一章〈明代的詩文批評〉指出：「公安派的性靈情感之說中也有著嚴重消極因素……他們不滿現實，又在某種程度上與世沈浮，或消極逃避；他們放浪不羈，蔑視禮教，追求個人自由，卻放棄對社會的責任感，沾染市民階層的庸俗情趣，或追求士大夫階段的閑情逸趣。」（頁 300）顧易生、王運熙合編之《中國文學批評史》所述文字全同（詳上冊，頁 505），皆認定政治黑暗與晚明公安一派性靈說士人的逃避現實，有必然的因果關係。

〔註 4〕吳承明、許滌新的看法詳見《中國資本主義發展史》第六章第一節；（頁 884）楊國禎、陳支平所論詳《明史新編》第七、八、九章。（頁 303-448）

江南一帶城鎮，賦稅居全國之冠，丘浚《大學衍義補・制國用，經制之義》有詳細的數據資料：

> 考洪武中，天下夏稅秋糧以石計者，總二千九百四十三萬餘。而浙江布政司二百七十五萬二千餘，蘇州府二百八十萬九千餘，松江府一百二十萬九千餘，常州府五十五萬二千餘，是此一藩三府之地，其民租比天下爲重，其糧額比天下爲多。（卷 24，頁 336）

蘇州、松江、常州皆爲江蘇府治，合浙江一藩不過是江南地區的一部分，賦稅則居全國四分之一，謝肇淛《五雜俎・地部》也說：「三吳賦稅之重，甲于天下，一縣可敵江北一大部。」（卷 3，頁 3353）科征之重由此可知。而此一現象也反映出江南城鎮的商機之盛，無怪乎常被視作爲資本主義生產萌芽的據點，經濟生產多元化，蠶桑蔬果之利，紡織印刷工業，重要性日增，商品流通則打破過去小生產之間，以日常用品爲主的交換型態，傾向於消費取向的情勢發展，通俗文學刊物：小說、戲曲、勵志小品、笑話集等大量出版，詩文、字畫、古玩爲收藏的珍品，茶、酒品飲、陶瓷、工藝、乃至季女、冶童，消費市場佔有率都逐漸提升。雖曰政治黑暗、稅賦損及民力，市井上卻現出一片歌舞昇平、商機旺盛的現象，消費觀念的調整，帶動生活結構的改變，市民階層於焉形成，這是一個象徵奢侈、享樂的族群。自古文人多風流，他們從政治體制中退離，進入此一結構中，就被視作爲助長情欲解放的推動者。

情欲解放的又一因素，更常與思想界相提並論，一般對晚明儒學概況的理解，受到黃宗羲《明儒學案》的影響很大，《明儒學案》的編著以陽明爲主流，認爲陽明必是聖學，但及門之士多矛盾其說，愈傳愈歧，末流遂入於猖狂一路：

> 陽明先生之學，有泰州、龍溪而風行天下，亦因泰州、龍溪而漸失其傳，泰州、龍溪時時不滿其師說，益啓瞿曇之秘而歸之師，蓋躋陽明而禪矣……泰州之後，其人多能赤手以搏龍蛇，傳至顏山農、何心隱一派，遂復非名教之所能羈絡矣。（卷 32，〈泰州學案〉，頁 62）

依據此說：晚明儒學正是陽明再傳弟子顏山農、何心隱一派大行其道之時，而此派人物尚包括與耿天臺兄弟論學不合的儒教叛徒——李贄，再加上士人多兼習禪學，則儒學之流於猖狂可知矣。

「猖狂」是負面的說法，持肯定態度者則認爲是思想解放，反對封建禮教的浪漫思潮，總之，晚明是個變動的時代，思想的變動，引領人們更深入的探索生命的課題；政治敗壞，迫使士人走向山水園林、奇珍異玩的懷抱，經濟的轉型，正好提供良好的消費市場，晚明的研究論著，對其思潮形成的背景論述不盡相同，思考模式則大抵如此，如葉朗《中國美學史大綱》論明清小說美學的時代特點：

> 明代中葉以後，經濟領域的資本主義萌芽有很大的發展，城市新興的市民階層也日益壯大。同這種資本主義萌芽的發展，和市民階層的壯大相適應，在文學領域和美學領域出現了一股現實主義、人文主義的思潮。李贄哲學就是這種思潮的最集中、最突出的代表……李贄哲學就是明清小說美學的眞正靈魂。（上冊，頁 357）

李澤厚《美的歷程》也從同樣的角度看待明清「市民文藝」的形成（詳頁 189-202）楊國楨、陳支平著《明史新編》，論萬曆中期以後的社會狀況（詳頁 276-448）曹淑娟《晚明性靈小品研究》談性靈小品寫作的時代意義（詳頁 87-148）觀察的角度大抵不出上述範圍。

此一思考的模式，其取徑有四：

一、誇大表層結構對精神文明的影響

表層結構是物質性有形有相的存在，政治、經濟等次級結構屬之，從結構現象可以作用見「體」，但結構現象並不直接對應客觀的現實，政治腐敗的確對士人有所影響，但是萬曆一朝黨社運動特別興盛，從國本論、三王並封、建儲議、福王之國、楚太子獄、科場案、辛亥京察、丁巳京察、妖書等事的爭執，在在可以看出士人參與政治的企圖，設若對政局有所不滿，對皇帝本人也少予檢討，頂多批評閣臣元輔結黨營私而已，多少士人依舊爲進士得第熬戰不懈，無怪乎朝廷取士的八股文，也都被視作守經達變的至文，可見輕言士人對政治的捨離，是有待商榷的。再者，商業經濟的確會影響消費習慣，但是消費價值觀念與消費型態之間的關係，是弔詭的，價值觀念會帶動消費型態的改變，消費型態也會反過來刺激價值觀念的開發，這是一種辯證的歷程，晚明工藝技術的傲人成就，印刷業的普及，江南經濟的高度發展，的確提供藝文消費的優勢條件，但是究竟是消費決定了市場，還是經濟轉型改變了消費型態，這也是難以遽下定論的。

二、以士人階層思考概括市民階層的想法

晚明社會繼續中晚唐以來文人化的傾向，市民階層在生活中更加追求文人「雅興」，文人化象徵著精緻、高雅，但是精緻文化轉入市民階層，由於思想觀念本質上的歧異，難免出現畫虎類犬的現象，因此，談禪論道者眾，能眞正識得三教面目者卻罕見其人，即使士人階層的精緻文化，雜入附庸風雅也是有的。可見士人固然受到整個時代文化大傳統的洗禮，也與小傳統相互滲透交流，晚明小品、雜俎、笑話、小說等娛樂之資的盛行，江南刻書印刷的發達，固然是文士風雅崇拜的圖騰，同時也具有小傳統世俗化的傾向。

三、獨尊儒學忽略三教並存的事實

從陽明學而泰州學派談晚明思潮，是儒家角度的思考，明代中國大傳統的文化，應該是儒、釋、道三家交融，宋代理學的思考邏輯本來就是援佛入儒的，陽明學也是出入佛老後涵化而出。有明一代，士人兼通三教，更是普遍的現象。儒教是士人進入仕途的基本功課，也是修齊治平智慧的源泉，但是在現實挫敗，年老力衰之際，或者情欲糾纏、生死情切之時，儒家積極承擔的陽剛性格，恐怕是無法著力的，而釋、道兩家則擅於對治、包容，因此成了士人另一種安頓生命的力量，明代唐順之、呂坤、焦竑、張位、湯顯祖都曾研究過道教書籍《陰符經》，徐渭注《莊子・內篇》、《參同契》、黃帝《素問》、《四書解》、《首楞嚴經解》，陶望齡汲取華嚴宗理事無礙觀，闡釋陽明「良知說」等（詳王煜《儒釋道與中國文豪》，頁 168-175），與三教俱有因緣，論者若不能重視三教在作者生命中的分位，立場稍偏，就無法窺探究竟。

四、迷信師承的關係

以一人爲中心，上溯下推的思想師承關係，是一種表層資訊，老莊提倡自然、無爲，變而爲申韓之刑名法術，荀子儒者而有李斯之傳，可知所謂「師承」往往不只是一成不變的因襲，尤其是三教同受重視的時代，士人面對三教的態度，也聯帶影響問學的方向，泰州一派自顏山農以下有狂禪之譏，而羅近溪師事顏山農，立論則「一本諸大學孝慈之旨」（詳《明儒學案》，下冊，頁 1-3），焦竑師羅近溪，學問重心卻轉向「了生死」（詳龔鵬程《晚明思潮》，頁 127），李贄師泰州學派王心齋之子王襞，中年卻剃度出家，師承線索的詮釋，也是不可任意比附類推的。

上述思考所衍生的問題，從根源上說，就是過度膨脹、簡化外緣的作用，忽略文化現象的主動性，也就是觀念生發的原動力——內因，以下論述就扣緊此一關鍵，試圖以人爲本位，略探晚明社會的文化趨勢。就狂放的現象觀察，基本上狂者可分成兩個類型，一種是道德上堅貞自持的狂，不刻意與人同異，但憤世嫉俗、一意孤行，在滔滔濁世中，遂成爲驚世駭俗者流，李贄即是此類人物，他不近女色，律己甚嚴，但以縱談無礙，往往顛覆結構體制虛假的格套，終至惹來殺身之禍。一種是肆無忌憚的狂，以對立性思考的方式，和既定的體制格套唱反調，此類人刻意造作出矯激的姿態，以自別於流俗，行爲怪異，誤「童心」的境界，著實爲現實生活中具體的行爲表現，晚明許多自命風流的山人、處士，古董贗品的盛行，造假的天下名泉……都展現假名士、假風流的眞輕狂，此二者龍蛇雜居，非深入其生命情境不易辨得。

事實上，這只是江南都會較爲普遍的現象，以王學一脈而言，據黃宗羲《明儒學案・姚江學案》所錄：浙中十九人、江右二十七人、南中九人、楚中二人，粵閩二人，而北方獨少，僅列七人（詳卷 10，頁 54），泰州之傳亦以越中爲據點。藝文界的活動也集中在江南一帶，後七子領袖王士貞爲太倉人，李維楨京山人；屠隆致仕歸隱後，則遨遊吳越、尋山訪道、嘯傲賦詩；李贄爲僧於麻城，著述講學；畫壇上的主流畫派——吳門派、華亭派、蘇松派、浙派、皖派……皆在江南；戲曲上吳江派、豫川派的論爭，也不出江蘇、浙江、江西一帶。而其他地區的廣土眾民，在當時礦使四出，橫徵暴斂的情況下，依然窮得只關心國稅完與否？寒窗苦讀的子弟，金榜提名與否？

不過名士山人的狂放不羈，加上俗文學——尤其是小說、戲曲的情色渲染，「探索內在情欲」成了晚明社會的重要標幟。此種現象與當時文人化的傾向關係很大，士人握有文字的操控權，與價値理念的裁斷權，文人化象徵著神聖、權威、高雅，一時附庸風雅者眾，食其眞髓者少；加上市場行銷，接受心理的考量，作者、讀者、社會條件三者相互影響，造就俗文學中風流熱烈的塵世俗情。

這種「解放」的涵意，就思想層面而言，是一種反省、檢視，晚明社會思想百花齊放的局勢，對程朱理學的繁瑣支離的反省，對陽明心學也不例外，龍谿以「四無」取代陽明的「四有」教，就是懷疑他在究竟處闡論不夠徹底；心齋論《大學》至善之旨，也指出陽明「謂至善爲心之本體，卻與明德無別，恐非本旨」（《明儒學案・泰州學案一》，卷 32，頁 70）龍谿猶停留在「心體」境界的觀照，心齋則更由體達用，探及天道、人道的分別，至近溪復向前推進，企圖綜攝朱子學與陽明學，主張以良知爲據，法聖以成聖：「若只學且慮，則聖終不可望矣，爲學第一要得種子，禮謂人情者，聖王之田也，必仁以種之……至義禮智信，總是培養種子，使其成熟耳。」（《明儒學案・泰州學案三》，卷 34，頁 24）而東林學派亦批評王學之流於空談心性，主張論學應與世爲體（《明儒學案・東林學案一》，卷 18，頁 50），凡此，都可視作對王學的反省，試圖在動盪的世局中，兼顧人性的複雜與現實的詭譎，探索一條足以提振世道人心的途徑。

文學論述的瀾翻變幻，也是如此。表面上環繞著「復古」理念的探索，發展出主張取法唐宋，以上通漢魏的唐宋派文論；後七子李攀龍、王士貞繼起，提倡「文必秦漢、詩必盛唐」，將詩文美學的典範，侷限在文類發展的興盛階段，因此主張「擬古」以「復古」；公安派出現，則標舉「獨抒性靈，不拘格套」，反對「擬古」末流的字擬句模；竟陵派晚出則又主張「學古」，以矯治「不拘格套」衍生的流弊。

而本質上，卻是伴隨思想上對人生價值理想、人要怎樣過活等問題的重新定位，衍生對詩文性情的探討。唐宋派重「道」，主張「聖人以神明而達之於文，文士研精於文，以窺神明之奧……所謂法者，神明之變化也。」（《荊川集・文編序》，卷 10）內容法度都被視作主體神明的貫注，凸顯的是道德主體的獨立自在，所謂「直抒胸臆」，看似解放，實則是對文學性情的設限，傷害文學藝術的想像特質；後七子的「復古」，恰是要文學性情回到溫柔敦厚的傳統，以確保創作的文情並茂、興象諧和，可惜這類作品在盛唐已大量開發，後學者氣魄不夠，創意不足，性情難伸，只能死守語言格套了；於是公安派要解放文士桎梏，才主張「獨抒性靈」，強調個性、創意，在創作中的主導地位，至若竟陵「學古」，則又企圖融合七子與公安派的意見，所以鍾惺〈詩歸序〉說：「要求古人眞詩，引古人精神以接後人心目」，就是企圖將輕率、鄙俚的虛情假意，矯治爲「幽情單緒」，或孤懷、孤詣，也就是說，他們都試圖透過對性情的再界定，樹立新的文學典範，以保證文學創作的歷久彌新。

龔鵬程在《晚明思潮》中，即一反歷來學者對晚明「肯定情欲」、「打破封建禮教」的刻板論述，認爲「克己復禮的路向」才是晚明思想發展的趨勢。推崇近溪是王學一脈中此一發展的關鍵人物：

> 近溪掌握了泰州學派的基本核心，如重實踐、強調復仁消欲而反對懲忿窒欲等，但又有所發展，逐漸形成一套「克己復禮」的新體系。這個體系，言克己歸仁處，與王心齋、顏山農並無大異，其云復禮卻是兩頭通的。一合之於仁，謂「禮由中出」，是由仁所發顯；一與仁分立，謂仁禮兩端，禮指典章制度經籍格言。以致陽明的良知學

逐漸由「體仁」走向「立禮」，由「自證本心」走向「明明德於天下」。（頁 66）

強調「復仁消欲而反對懲忿窒欲」正是所謂「情欲解放」的深層意識，可見晚明的社會變動是危機也是轉機，「反對懲忿窒欲」使文人化社會更加洋溢著塵世俗情，「強調復仁消欲」「禮由中出」又復「仁禮兩端」，卻將時代思潮引至「克己復禮」的路向。佛教中淨土信仰的風行，〔註 5〕文壇上學古主張的興起，也與此途轍相合。總之，這是個變動的社會，貧窮／富庶、守舊／新異、規矩／狂放、文人化／世俗化、學古／趨新種種矛盾現象，並存於其間，但是依然有一股穩定提攝的力量，在逐漸醞釀形成。

第二節　少年中郎思想的形成

人在童蒙階段的學習，吸納往往大於思辨，因此周遭環境、人物的影響，居於關鍵因素，晚明諸味雜陳的現象，深深反映在中郎父親及其外祖父、舅舅、啓蒙老師萬瑩、舉業師王以明、兄長宗道及李贄等人的身上，這些人構成一具體而微的晚明文化圈，籠罩在少年中郎的周遭，形成他早年混同舊傳統與新文化爲一爐的思想性格。

中郎承襲舊傳統之處，最爲明顯的在於對科舉的態度，而這種態度，又與整個時代及其父親的價值觀念息息相關。研究晚明學者，總愛從政治黑暗談士人退隱山林的趨向（詳本章第一節），而事實顯示正好相反，王家范〈晚明江南士大夫的歷史命運〉一文，即指出當時士子熱衷功名，生員高居全國人口千分之五，都侷促於科舉一途，舉人、進士員額又極其少數，遂造成人才過剩的社會公害：

> ……不用說富有資產的官僚、地主，即使僅有瘠田十畝的一般農家，也總勉力子孫入泮，冀其跳躍龍門。明代各地有府學、州學、縣學以至社學、私塾，江南又盛行書院，實則都是科舉預備學校……江

〔註 5〕釋證嚴《明末佛教研究》第二章明末的淨土教人物及其思想，列有人物資料一三二位，僧侶六五人，尼僧三人，居士五七人，婦女七人。並指稱：「明末佛教，諸宗競盛，而淨土人才之多，僅次於禪，然其流行則較諸禪宗，更爲普及。尤其雲棲袾宏，既是禪門重鎮，更是淨土諸將中的元帥。他以禪的觀念及方法，用來弘揚淨土，使禪者歸向淨土，也使修行淨土者，得到禪修的實益。」（詳頁 90-103）此一禪淨雙修的思想也與晚明思潮「克己復禮」一致。

南各地擁有的生員總數無從統計，據顧炎武的估算，全國平均每縣三百，而江南繁劇大縣，往往在千人以上。人數累增，充斥社會，被稱爲「三害」之一……江南士大夫不僅在本地舉足輕重，在全國政治生活中也時時掣肘朝政，其作用非明代以前可以同日而語。(《史林》，1987，第2期，頁29)

生員之眾，學校書院之多，復舉而引向科舉一途，進而掣肘朝政，在在顯示舊傳統中「文字崇拜」的特質，文字神聖化，握有詮釋權的官員，身分自然高人一籌，即使徘徊於仕途之外，皓首白髮以待金榜題名之士，若有文名，得到的尊重也可與官員僚吏相抗衡。時代風尚如此，中郎父親七澤公也受到影響。

他在〈余大家祔葬墓石記〉記載，祖母余氏也是個科舉擁護者，七澤公年就在她的安排下，步上科舉之路：「課余父舉子業，令之就學，不復干生產事，余父以是爲諸生。」(《錢校》，卷39，頁1176)中道《珂雪齋集・袁母鍾太孺人墓志銘》也記此事：「先王父即世，而予父不知有家，得下帷讀書，補博士弟子員。」(卷18，頁771)此後則與功名無緣，因宗道之故，才得以敕封爲翰林院編修。因此，基於一種補償心理，他最大的期望，便是子孫都能走上功名之途，他親自調教中郎兄弟，未中舉者求其繼續努力，已登仕途者則敦促出仕官職，小修對他這種望子成龍的心態，有深刻的描述：

往年，予亦修香光之業，自覺功名已灰冷矣，伯修去，家大人絕苦。予偶拈筆爲時義，大人見之嘆曰：「此是我破鬱丹也。」予乃發憤下帷。曰：「苟可以慰吾親者，即頭目腦髓，吾不難捨，況此熟用之意根，有何難穿鑿耶！」故每撰一義，窮日之力，通於夢寐。去年，大人六十。兒輩設酒筵，招歌舞，卻以娛大人。大人曰：「爾但偕兩弟作舉業二首，吾脾自開，勝于歌舞酒筵多矣。」(《珂雪齋集・送石洋王子下第歸省序》，卷9，頁446)

以子孫之時義文字爲破鬱丹，迷戀科舉的心態，可以想見。小修爲得一第，十幾個年頭熬戰不懈，所謂「苟可以慰吾親者，即頭目腦髓，吾不難捨」的願力，居重要因素。宗道之步上仕途，也是七澤公以忠孝之名威逼所致。〔註6〕

〔註6〕小修《珂雪齋集・石浦先生傳》記宗道少年以奇病幾死，有道人教以數息靜坐之法有效，遂好沖舉之術，無意世事。而癸未（萬曆十一年，1583），大人強之赴試，行至黃河而返……先生習靜久，體氣愈充。大人謂之曰：「昔淨名

而中郎多次出入官場，不也是夾纏著成己與成孝的徬徨嗎？萬曆二十五年（1597），他首次辭去吳縣縣令之職，由於父親反對，認爲：「世豈有二十八而懸車者」（《珂雪齋集・中郎行狀》，卷 18，頁 757）不敢返歸公安，〈賀家池〉一詩，便發抒這種身不由己的苦悶：

昔聞八百里，今來八百畝。爲問袁阿宏，何如賀監不？黃冠吾願學，其如多八口。形體作僕奴，禮法成枷鈕。幸爾略知識，效顰辭五斗。強作舒眉詩，學飲寬腸酒。所以不脫然，爲身非我有。恩愛毒其躬，父母掣其肘。未免愧古人，青山空矯首。（《錢校》，卷 8，頁 365）

叛逆的歲月裡，父親、妻子、恩愛、禮法，都是他心靈的枷鎖，萬曆三十四年（1606），三度出仕，他在給友人的尺牘中，即一再表示這種無奈之情：

家大人迫弟甚，入秋，當強顏一出，辟之胡孫入籠，豈堪跳擲！或者馴狎之久，頑性頓革，遂復見役于人，亦未可知。（《錢校・潘茂碩尺牘》，卷 43，頁 1271-1272）

八月初間，弟當北發……弟此條懶筋眞難拔，大人頻以爲言。自思出仕十五年，絲毫無益于白髮，而又重其怒，眞不成人也。（《錢校・蘇潛夫尺牘》，卷 43，頁 1273）

當時中郎因宗道驟然辭世的震撼，隱居柳浪六年，七澤公已是六十老翁，〔註 7〕對科舉仕途的癡迷猶然未減，甚至成爲子女繼志成孝必須步履的軌轍，逼使他愼重考慮放棄隱居愜意的生活，於萬曆三十四年（1606）復出，補任禮部儀制司主事之職。

而時代風尚與七澤公的影響，不過起推波助瀾的作用，眞正影響他在仕途上屢退屢進、反復去來的因素，應該是整個時代風尚的根源，千餘年來的主流思想——儒家治國平天下的期望，治國平天下的管道很多，爲官其一，講學亦可，落到民間小傳統世俗化後，治國平天下自我實踐的理想，異化爲顯親揚名、標榜門楣的功名利祿，加上明代中葉以後，朝廷取士表面上是學

依于忠孝，自古之沖舉者，豈盡枯槁耶！」先生曰：「諾。」時復拈筆爲制義，窮工極變。丙戌（萬曆十四年，1586），遂舉會試第一，年甫二十七年。（卷 17，頁 708-709）

〔註 7〕中郎〈余大家祔葬墓石記〉記：「癸卯（嘉靖二十二年，1543），舉余父。」（《錢校》，卷 39，頁 1175）中道〈遊居杮錄〉壬子年二十八條（萬曆四十年，1612）：「自三月初八日爲始，先大人偶棄諸孤……」（《珂雪齋集》，卷 7，頁 1252）知七澤公壽七十，萬曆三十四年（1606）時已六十四歲。

校、薦舉、科舉並行，實際上則獨尊科舉，科舉成了士人追求人生價值的唯一管道，自幼讀聖賢書籍，受父親鞭策的中郎，順理成章的成爲科舉的擁護者，小修〈中郎行狀〉記載他：「總角即工爲時藝」，入學爲諸生對舉業更爲積極：

> 入鄉校，年方十五六，即結文社于城南，自爲社長。社友年三十以下者，皆師之，奉其約束，不敢犯。時于舉業外，爲聲歌、古文詞，已有集成帙矣。（《珂雪齋集》，卷 17，頁 755）

自結文社，致力於八股制藝的寫作，對進身仕宦展現旺盛的企圖，他自道當時心境是：「少時望官如望仙，朝冰暮熱，想不知有無限光景。」（《錢校．李本健尺牘》，卷 6，頁 31）在〈過吳戲東江進之〉也說：「少年作客時，浸浸慕若長，千旄絡長衢，一呵已神往。」（《錢校》，卷 9，頁 415）這種「無限光景」的想像，「千旄絡長衢」的艷羨，心態上仍偏於標榜門楣，向外追逐者多，以文化經世自期者少。

由於進身仕宦、顯親揚名的企圖，使他早年的藝文創作，自然跟著文壇主流風尚，小修《珂雪齋集．解脫集序》追憶結社城南的藝文活動，即清楚的指出，當時援筆寫作是：「計如俗所云不朽者，上自漢魏，下及三唐，隨體模擬，無不立肖。自謂非其至者，不深好焉。」（卷 9，頁 451）走的仍是後七子擬古以復古的老路，因此萬曆十六年（1588），參加鄉試中舉，就是因爲第三場——經史時務策，有先秦之風，得到熟讀經史的考官——馮琦的賞識，認定爲「出入周秦間」。（詳《珂雪齋集．中郎行狀》，卷 17，頁 755）這個現象也同時反映在宗道與小修身上，中郎〈敘小修詩〉說：「所謂佳者，尚不能不以粉飾蹈襲爲恨，以爲未能盡脫近代文人習氣故也。」（《錢校》，卷 4，頁 187-188）而小修也指出，萬曆七年（1579），宗道二十歲時：「舉於鄉，不第，歸，益喜讀先秦、兩漢之書，是時，濟南琅琊之集盛行，先生一閱悉能讀誦，甫一操觚，即肖其語。」（《珂雪齋集．石浦先生傳》，卷 17，頁 708）可見在科舉體制的思維下，詩歌、古文詞也連帶一氣，難以跳脫時代主流風尚的格局。

七澤公雖然在科舉方面，影響中郎深遠，但也開啓他接受新文化雜學的特質，曾援禪釋儒著有《海蠡編》，〔註 8〕中郎好友江進之作序，指出袁氏父

〔註 8〕《海蠡篇》作者問題，頗有爭論，除江進之作序，明言爲七澤公所作外，《四庫全書總目提要．子部．雜家類．存目二》記：「《海蠡篇》二卷，明袁士瑜撰，士瑜，號七澤，公安人，即宗道、宏道、中道之父也。其書大旨，以儒釋二家

子兄弟皆學道：

> 楚、七澤先生，學悟玄同、心性超朗，於孔釋二家異派同源處，卓然有見……先生子三人，長太史伯脩氏，次進士中郎氏，文學小脩氏皆習庭訓，深於名理，家學淵源，極一時之盛……。(《雪濤閣集·海蠡編序》，卷 8，葉 22）

既是「學悟玄同」「於孔釋二家異派同源處，卓然有見」，所見、所悟也是雜揉儒、釋學說，思想的純粹度如何不論，而「雜學」爲其家風則不容置疑。小修在〈二趙生文序〉感念父親的啓蒙提及：

> 予兄弟三人，皆粗知文，而其始，實先君子啓之以學。學之時，不論華言梵冊，種種搜求。蓋久之，欣然有遇，如雷開蟄户。近思先君子之教予三人，不寬不嚴，如染香行露，教之最有風趣者也。(《珂雪齋集》，卷 10，頁 489）

「華言梵冊，種種搜求」，可見他們讀書的內容，並不限於儒家典籍，佛家經藏也有涉獵。

萬曆十三年（1585），中郎十八歲，作〈初夏同惟學、惟長舅尊游二聖禪林檢藏有述〉，即有「我亦冥心求聖果，十年夢落虎溪東」之語（《箋校》，卷 1，頁 5），可見接觸「華言梵冊」，已有相當時間。因此，中郎的塾師萬瑩、舉業師王以明也都具有雜學特質。萬瑩是袁氏父子、兄弟、子孫的共同老師，小修敘其博學是：

同源異派，或援釋疏孔、或證孔于釋。謂濂洛諸儒于聖人書詮釋妙暢，如樽注海；是編如蠡注海，故名《海蠡篇》。」（卷 125，頁 2492）《續文獻通考》亦沿用其說；唯小修爲兄長宗道作〈石浦先生傳〉，亦載其「試以禪詮儒，使知兩家合一之旨，遂著《海蠡篇》。」（《珂雪齋集》，卷 17，頁 709）《游居杮錄》卷一第十五條復言：『道甫處又見龍湖書伯修《海蠡篇》一紙，爲千古已悟人發藥，因記于此云：「予讀袁石浦《海蠡篇》已奇矣，茲復會石浦於龍湖之上，所見又別，更當奇也……」』（頁 1108）確言宗道亦著有《海蠡篇》；李健章〈《海蠡篇》非袁士瑜所著考——訂正《四庫全書總目提要》一則〉，則引用小修所記，並核對《四庫全書總目提要》，論斷：「《四書全庫存目》所收的《海蠡篇》即現存《白蘇齋類集·說書類》的〈讀大學〉、〈讀論語〉、〈讀中庸〉、〈讀孟子〉的合稱。所不同的，只是編入全集時按篇幅數量，將〈讀中庸〉和〈讀孟子〉分別爲卷，所以《海蠡篇》原爲二卷，而《白蘇齋類集·說書類》的四讀增爲三卷……在原稿中，可能有袁士瑜自署其名的批注，傳抄時遂誤爲作者。」（《袁宏道集箋校志疑》，頁 435-436）筆者以爲李氏之言，亦屬卓論，但既無原本可供核對，江進之作序亦實眞不妄，仍宜兩存其說——七澤公與其子宗道皆作有《海蠡篇》，不必以功名無成，否定其著書立說的可能。

于書無不讀，歷代史自首至尾，皆能成誦。授書時，《五經》中有闕三四葉者，一寫無遺；中所音釋，不誤一字。及陰陽、堪輿、農圃、醫術、命祿，無不曉了。卜筮尤精，通數學。作詩有佳語。(《珂雪齋集》，卷 16，頁 700)

萬瑩對陰陽、易數的精熟，可能開啓了中郎兄弟談玄弄虛的性格。王以明雖名爲中郎舉業師，實則兼爲師友，中郎將他當作「性命之交」，共同談性論道，萬曆二十一年(1590)，曾與中郎兄弟往見李贄，〔註 9〕萬曆二十三年(1592)，中郎在吳縣任職，給〈王以明〉信中曾道：「吳中無語我性命者，求以明先生一毛孔不可得，甚哉！法友之難也。」(卷 5，頁 223)隔年又致信與談「有苦必有樂之理」，謂「知苦樂之說者，可以常貧，可以常賤，可以長不死矣」，(卷 5，頁 240)可知「法友」者，面對生命的煎熬，撥弄言語相互慰藉者也。高世泰〈三楚文獻錄〉另記一事：「蔡復一撫黔，過而問學，輅(以明)著〈師卦解〉一卷報之。」(詳《錢校・王以明尺牘箋》，卷 5，頁 241)舉業、佛學外，王以明亦通《易》理，如此性格與中郎由萬瑩陰陽、易數、堪輿之中，衍生出來名理清談的性格頗爲類似。

庭訓、師承淵源之外，中郎兄弟與外祖父龔春所公家關係更爲密切，龔家是典型的文人家庭，春所公歷任刑部主事、河南布政使，七十多歲才致政歸隱，返居公安，是位一風趣的長者，小修《珂雪齋集・龔春所公傳》，記他「性舒緩、善詼諧」(卷 16，頁 697)萬曆二十年秋至二十二年(1592-1594)，因緣際會，〔註 10〕與諸子，袁氏兄弟，朝夕聚首，譚禪賦詩爲樂：

公能詩，與諸子孫唱和，推爲南平社長。一日，孝廉、御史偕予兄及諸甥游石洲，以公老，難于往來，弗約。已至洲，方共飲酒，拾石子。俄，見雪浪中有舠迅疾而下，中有一老翁，踞胡床，指麾江山，旁若無人。互相猜疑，逼視之，則公也。舟已近，公於舟中大呼曰：「何爲棄老子耶？」登洲，即于洲上舞拳數道，以示勇，諸人

〔註 9〕萬曆二十一年(1593)，中郎作詩〈將發黃，時同舟爲王以明先生、龔散木、家伯修、小修，俱同訪龍湖者〉(《錢校》，卷 2，頁 68)，知王以明亦曾訪李贄問學。

〔註 10〕萬曆十九年(1591)，中郎外祖母趙太夫人去世，三舅惟長因丁艱回籍，居公安家中，二舅惟學尚未仕宦，故也在家；隔年，宗道則因連喪二子，請告攜櫬返鄉；中郎剛於三月登第，因不能留在北京任職，鬥氣請假歸里；祖孫三代，聚居石浦河兩岸，朝夕聚首，譚禪賦詩爲樂。(詳小修《珂雪齋集・曾登二侄壙記》，卷 18，頁 78；《游居杮錄》，卷 8，124 條，頁 1299)

皆大笑，極歡，至夜深乃歸，各分韻紀游，公歸，詩已成，即于燈下作蠅頭細字書之。明日黎明，遣使持詩遍示諸人，俱以游倦晏起，不得一字，皆大笑。（頁 698）

這是一段最令中郎兄弟回憶的快樂時光，子孫三代科第顯赫、志趣相合，又復風流倜儻，中郎得第後，未能留任京官的不悅，因此一掃而光，他〈歸來〉詩即盛稱此一文人生活之美：

歸來兄弟對門居，口浦河邊小結廬，可比維摩方丈地，不妨揚子一床書。蔬園有處皆添甲，花雨無多亦留渠。野服科頭常聚首，阮家禮法向來疏。（《錢校》，卷 2，頁 6）

以「維摩方丈地」「阮家禮法」比擬這種談禪論道、徜徉自然、忘長忘幼的樂趣，宛如魏晉人物風流，再與得第後爭留京職之事比觀（詳第三章第二節），其心境之既傳統又趨新，既嚮往科舉功名復戀戀田園山水，既專注於窮究心性，卻喜清談自恣，正可略窺一二，而此又與外祖父門風息息相關。

二舅惟學博覽群書的問學態度，對中郎兄弟也有誘導、點化作用，宗道《白蘇齋類集・送夾山母舅之任太原序》有清楚的描述：

宗道兄弟三人，游于都門，得與海內士大夫往還，二三名流俱不以𧼮𧼮庸陋見棄，推而附之大雅之林。其友之相習者戲爲：「南平一片黃茅白葦，何得出爾三人？」蓋謬疑開辟蓁蕪自我兄弟，而不知點化、熔鑄，皆舅氏惟學先生力也。先生少從方伯公宦四方，獨取異書秘文以歸。歸，偕駕部弟閉門讀誦。駕部公得雋后，先生誅茅城南，號曰陽春社，一時後進入社講業者如林，不肖兄弟亦其人也。自有此社，人始知「程墨」之外大有書帙，科名之外大有學問。而先生又能操品藻權，鼓舞諸士，諸士窮日夜力，玄搜博覽，以收名定價于先生。以故，數年之間，雅道大振，家操靈蛇，人握夜光，尸而祝之，當首先生矣。（卷 10，頁 128-129）

惟學所取的「異書秘文」，顯然與科舉考試的內容無關，小修《珂雪齋集・龔春所公傳》附記他：「公好仙學，喜爲黃白術，竟不就。旁通天文、地理醫卜、百家之學。」（卷 16，頁 698）這些才是異書秘文；陽春社的聚會，恐怕也以舞文弄墨、清談玄理、機智博辯爲主，因此數年之間雅道大振，推動公安社會的文人化。後來宏道結文社於城南，除揣摩時藝以備科考應舉，也就繼續陽春社的清談、品藻活動，小修《珂雪齋集・解脫集序》描述當年的情景說：

稍長，移居城中，修治城南別業，偕余與四五友人，游息是處，語言奇詭，興致高逸。每至月明之夜，相對清言，間及生死，泫然欲涕，慷慨欷歔，坐而達旦。終不欲無所就，乃刻意藝文，計如俗所云不朽者，上自漢、魏，下及三唐，隨體模擬，無不立肖。自謂非其至者，不深好焉。（卷 9，頁 451）

中郎在〈示社友〉詩，便稱是「所至成三笑，居然似七賢，社開正始後，詩數中興年。」（《錢校》，卷 1，頁 40）「語言奇詭」「間及生死」「刻意藝文」，以正始年間寄情於山水竹林、放浪於形骸之外的竹林七賢比喻社友，嚮往「詩雜仙心」的正始玄風，以詩文中興相期勉，〔註 11〕其間的淵源、旨趣都有迹可求。

家族中詩文結社的風尚，也培養中郎兄弟相與論學證道的習慣，並提供開發新文化觀念的契機。中郎雖自幼涉獵佛書，自稱是「我亦冥心求聖果，十年夢落虎溪東」，對佛學的認識約是泛泛而已，眞正窮力探究，要歸於長兄宗道的引領，小修《珂雪齋集・石浦先生傳》及〈中郎行狀〉（詳卷 18，頁 755-756）詳述兄弟三人這段學道的歷程：

己丑（萬曆十七年，1589）焦公竑首制科，瞿公汝稷官京師，先生就之問學，共引以頓悟之旨。而僧深有爲龍潭高足，數以見性之說啓先生，乃遍閱大慧、中峰諸錄，得參求之訣。久之，稍有所豁。先生以冊封歸里，仲兄與予皆知向學，先生語以心性之說，亦各有省，互相商證……逾年，偶于張子韶與大慧論格物處有所入，急呼仲兄與語，甫擬開口，仲兄即躍然曰：「不必言……」相與大笑而罷。至是始復讀孔孟諸書，乃知至寶原在家內，何必向外尋求，吾試以禪詮儒，使知兩家合一之旨。遂著《海蠡篇》。既報命，旋即乞歸。七八年間，先生屢悟屢疑。癸巳（萬曆二十一年，1593）走黃州龍潭問學，歸而復自求。（卷 17，〈石浦先生傳〉，頁 709）

宗道先得諸焦竑、瞿汝稷、僧深有的指點，於是發憤苦讀，遍閱大慧、中峰諸錄，得參求要領，稍有所悟，兄弟便相互商證，至往見李贄，宗道已著有《海蠡篇》，〔註 12〕中郎則著有《金屑編》，〔註 13〕可見中郎小修窮究性命之

〔註 11〕二人所述文學觀念稍有出入，小修以「擬古」爲文社的創作主流，係就萬曆十七年（1589），未深研禪學之前而言，中郎〈示社友詩〉作於萬曆十九年（1591），且已曾初訪李贄，難免影響到文社的創作理念。

〔註 12〕宗道著《海蠡篇》今未見，李健章以爲即《白蘇齋類集・說書類》〈讀大學〉、〈讀論語〉、〈讀中庸〉、〈讀孟子〉三卷，（卷 17-18）另詳註 8。

學，皆始於萬曆十七年（1589），而宗道的啓蒙居關鍵地位。中郎《金屑編・自敘》說明自己學禪開悟的經過，也持同樣的論調：

> 余少慕玄宗，長稱佛理，遍參知識，博觀教乘，都無所得，後因參楊歧公案，有所發明……。（葉1）

《金屑編》是他學禪的第一個里程碑，當時與李贄未曾謀面，其中發明，只有兄弟三人相互參證，與李贄絕無關聯。

至於後來兄弟三人走訪李贄，雖曰問學，不過是「商證」而已，當時見面的情景，據小修所記：

> 時聞龍湖李子冥會教外之旨，走西陵質之。李子大相契合，贈以詩，中有云：「誦君《金屑》句，執鞭亦忻慕。早得從君言，不當有《老苦》。」蓋龍湖以老年無朋，作書曰《老苦》故也。仍爲之序以傳。留三月餘，殷殷不捨，送之武昌而別。（《珂雪齋集・中郎行狀》，卷18，頁755）

李贄既爲《金屑編》作序，又贈詩，且留之三月猶殷殷不捨，和中郎兄弟的相契相惜之情，遠超過得天下英才而教之樂，他深嘆「老年無朋」，而袁氏兄弟就是他的忘年知音了，因此，他們雖相與論學，但三袁思想皆有不待李贄啓發之處。

尤其是中郎，早年的確對李贄之學極其傾慕，而實則未能窺其奧旨，在〈余凡兩度阻雨沖霄觀，俱爲訪龍湖師，戲題壁上〉詩，就說「李贄便爲今李耳」（《錢校》，卷2，頁78）這種比擬正是中郎價値認定的外現而已。因此，設若強調李贄對中郎的影響，不如說是中郎在李贄身上，找到心儀已久的老子影子，一個玄思超曠、昧棄禮法的典範，他之取於李贄，也只在清談玄理與對既定價値體系的顚覆而已。

李贄《焚書・雜述，寒燈小話》的一段記載，就很傳神的描繪出他年少輕狂的影像：

> 復聞人道：有一老先生特地往丘（長孺）家拜訪荆州袁生（中郎），且親下請書以邀之。袁生拜既不答，召又不應；丘生又系一老先生通家子，亦竟不與袁生商之。傍人相視，莫不驚駭，以爲此皆人世所未有者。大人謂：「袁生只爲不省人間禮教，取怒于人，是以邀遊

〔註13〕黄虞稷《千頃堂書目》〈釋家類〉錄：袁宏道《金屑編》一卷。（卷16，頁1195）現存日本內閣文庫。

至此，今又責又備，袁生安所逃死耶？嗟嗟！袁生之難也，烏得無罪乎！」懷林小沙彌以旁哂曰：「袁家、丘家決定是天上人初來下降人世者，是以不省人世事也，若是世間人，安有不省世間禮數之理？」某謂林言甚辨。（卷 4，頁 189）

這種「不省世間禮數」的顛覆行徑，與出自客觀理性反省的批判不同，理性思考下的顛覆，是在堅持人性尊嚴的前提下，向內自我觀照而來的智慧，展現對既成行爲模式的調整修正，屬於實踐性的創造，是圓融智。中郎年少階段的顛覆，由於人生歷練不足，只停留在言辯性的思考，自有一番言語馳騁的機趣，爲本自英特風流的名士性格，在面對生命的波動起伏，與舊傳統價值成規的束縛，提供解粘去縛的藉口，這些解放往往是即興式的表演，情緒性的宣洩，而非單純的「不省人世事」，表現在言行上就鋒芒畢露，奇詭不經，既無法平撫心靈深處的無明、恐懼，更不能客觀理性的論辯學問之大是大非；表現在文學論述上，也是空談「性靈」，妄詆「擬古」，摧陷之力大於釐清之功，但是這種雜學性格，也替他日後生命的成長埋下更多的可能。

第三章　生命豁醒後的性命思想及其文學觀念

這個階段討論的範圍，在萬曆二十三年至二十五年（1595-1597），是中郎政治生涯的第一站，縣令一職是他學禪後第一塊試金石。才華橫溢的他，掌理人文薈萃的吳地，結識吳中名士，尋幽訪勝、詩酒高會，盡意追求「適世」的生活；一方面又得面對猥雜繁瑣的縣政——送往迎來、催科納糧、排紛解訟等，忍受沒來由之苦，終至掛冠而去。這些風流瀟灑的名士行徑，不肯爲五斗米折腰的彭澤風範，使他被類型化爲反封建、反禮教的浪漫主義者。中郎是有些改變了，而他造反了嗎？果然如此，他爲何造反？顛覆了什麼？或者不然，那麼誤解的因素如何？凡此既關涉到標籤的適當性，也影響到中郎生命的解讀，本章從這些問題著眼，先就《敝篋集》觀察，比較少年中郎致力學禪前後，生命型態的異同，再徵諸《金屑編》、《錦帆》、《解脫》、《廣陵》各集，探討他對禪學的理解，以及由此衍生的文學思考，以釐清他生命豁醒的眞實境界。

第一節　學禪前後生命型態的異同——以《敝篋集》爲證

《敝篋集》二卷，是中郎最早的詩文結集，小修《珂雪齋集．中郎行狀》即明確指出：「所著詩文，始有《敝篋集》，乃作諸生、孝廉及初登第時作之。」（卷 20，頁 763）數量不多，僅一百二十七題詩，作品分佈時間相當長，自萬曆十二年至二十二年（1584-1594），計有十年之久，約在十七歲至二十七歲之際，正當他少年時期思想的孕育期。據江盈科所言：

> 君丱角時已能詩，下筆數百言，無不肖唐。君乃自嗤曰：「奈何不自爲詩而唐之爲！」故居恆所題詠，輒廢置不錄。及其令吳二年，移病乞歸，友人方子公爲檢其圖書行李，從敝篋中得君書一編，讀而旨于口，曰：「異哉！有物若是而以供蠹魚，其不盡充蠹魚腹也，其猶有物護之歟？」于是稍稍裒次，付諸梓，題曰《敝篋集》，夫爨下之桐，至音出焉，中郎茲集之謂乎！（《雪濤閣集．敝篋集引》，卷8，頁12）

就他所述，好像中郎對於少年作品，頗不滿意，雖然經常賦詩題詠，卻因與唐人風格酷似，往往任意棄置，這種說法可能只是文飾之辭，假設中郎果然有「廢置不錄」的想法，從公安經北京遠赴吳縣就職，何以千里迢迢仍攜帶隨行；付梓成刻，又廣爲分贈？〔註1〕何況若眞是多爲「肖唐」之作，違背反對模擬的文學主張，何以又說「讀之旨于口」，而推譽爲「至音」呢？

從擬題看來，內容、取材都與生活有關，題目且務求詳盡，自暴情懷的企圖至爲明顯，如：〈如夏日同龔散木能者、崔晦之、鄒伯學、李子髯攜妓泛舟和尙橋〉（《錢校》，卷1，頁7）、〈寒食飲二聖寺〉（《錢校》，卷2，頁80）、〈北行道中示弟〉（《錢校》，卷2，頁91），寫作的時間、地點、事情都有明確的交待，甚至題目與附註混雜不分，望文而其情可知，如〈萬二酉老師有垂老之疾，感而賦此，萬里中老儒，余家父子兄弟祖孫皆從之遊，其人可知，時丁亥九月也〉（《錢校》，卷1，頁14）、〈送鄒金吾遊白下，時寓武昌〉（同前揭書，頁15）、〈余凡兩度阻雨沖霄觀，俱爲訪龍湖師，戲題壁上〉（《錢校》，卷2，頁78），可以斷定大抵是觸景起興、感事攄詞之作，是少年中郎生命成長的見證。

本書第二章第二節，關於他思想形成的論述，是綜合性釐清，透過這本結集的解讀，可以作縱向貫時性的觀察。生命的自我安頓，是中郎生命蘄向，從少年以儒家世俗化的價值觀念爲主流，轉而致力於心性之學的研究，便標

〔註1〕萬曆二十五年（1597），中郎於〈徐漁浦〉、〈范長白〉尺牘中，皆有附呈「小刻二冊」之語（詳《錢校》，卷6，頁304-305），〈范長白〉尺牘末並說：「吏吳有《錦帆集》，刻成當專致請教。」（詳《錢校》，卷6，305）知「小刻二冊」即指《敝篋集》二卷。

識另一種思考的開始，這個轉變始於萬曆十七年（1589），宗道以持節使楚，便道返歸故里，兄弟相與啓發、商證，本節就以此年爲界，觀察前後兩個階段，中郎思想的變與不變。

前一階段收錄萬曆十二年至十七年（1584-1589）作品，正當他十七歲至二十二歲之際。萬曆十六年，二十一歲，鄉試得第；隔年參加北京會試，不幸落敗。這段時期，勞神於科舉、進身仕宦是他最迫切要完成的理想，因此，早在萬曆十一年（1583），就結文社於城南，自任社長，以研摩時藝、切磋詩文，熱衷程度可想而知。統計這個階段收錄的作品，數量不多，計有十八題二十七首；題材範圍也顯得狹隘，古樂府之作五首，全爲爲擬樂府古題，如〈青驄馬〉、〔註2〕〈採桑度〉、〔註3〕〈青樓曲〉、〔註4〕〈雀勞利歌〉、〔註5〕〈採蓮歌〉。〔註6〕（《錢校》，卷1，頁1、2、13、18、19）前二則尚且是仿古之作；字裡行間則常瀰漫著人生無常的感慨，如〈病中短歌〉、〈病起獨坐〉、〈病起偶題〉，（同前揭書，頁9-11）或言「羸枯博得妻兒憐，七尺浪爲鬼神有」，寫心餘力絀的無奈，或謂「浮生喻泡影，何以樂青年」，嘆人生的飄忽變幻，或說「色界身終苦，無生學未成」，抒發歧路徘徊的矛盾……都表現對生命飄泊無憑，難以把捉的不安。

純就文學的角度解讀這些資訊，的確是題材狹隘，好像少年中郎受限於七子模擬主張的影響，題材狹隘，風格以唐爲依歸，眞情喪失在格套中，如此推論，就本末倒置了。事實上，形成這些現象的關鍵，還在生命的本身，這個時期，他年紀尚輕，閱歷既淺，識見未開，交遊多屬泛泛之輩，價值觀念尚不能卓然自立，何況當時藝文活動是科舉體制下的附屬活動，難免在既定的思維模式中尋找題材，感慨既淺，加上少年十五、二十時的浪漫情懷，〈青驄馬〉、〈採桑度〉、〈青樓曲〉、〈採蓮歌〉等描寫情愛的篇章，就成了與生命最爲相應的題目，縱然是「肖唐」之作，〔註7〕仍能「讀之旨于口」，表露生命的眞情，這就是江盈科推之爲「至音」的原因。在思想上，也同樣表現既

〔註2〕《樂府詩集》漢橫吹曲中有〈驄馬〉（卷21，葉3），西曲歌有〈青驄白馬〉（卷47，葉8），並無〈青驄馬〉之題，錢伯城認爲：『〈蘇小小歌〉有「我乘油壁車，郎乘青驄馬」語，此詩或取其意。』並判定定爲樂府舊題（《錢校·青驄馬箋》，頁2）。本文採用其說。

〔註3〕〈採桑度〉爲樂府〈西曲歌〉（《樂府詩集》，卷47，葉8）。

〔註4〕〈青樓曲〉爲新樂府辭（《樂府詩集》，卷91，葉3）。

〔註5〕〈雀勞利〉爲樂府梁〈鼓角橫吹曲〉（《樂府詩集》，卷25，葉1）。

〔註6〕〈採蓮歌〉爲樂府梁〈清商曲〉（《樂府詩集》，卷25，葉1）。

〔註7〕就這個階段十八題詩的美學型態而言，與其說是「肖唐」，不如說是「肖元」。

因襲又自我的態度，基本上，沿襲晚明士人三教雜學的風尚，一者以儒學進取功名，再者對佛、道二家，又似深有所契，萬曆十三年（1585），十八歲，作〈初夏同惟學、惟長舅尊游二聖禪林檢藏〉便說：「我亦冥心求聖果，十年夢落虎溪東」（《錢校》，卷 1，頁 5），十九歲，寫〈病起獨坐〉說是：「閉門讀《莊子》〈秋水〉、〈馬蹄〉篇」（同前揭書，頁 10），〈病起偶題〉則說：「色界身終苦，無生學未成」（同前揭書，頁 11），儼然是佛老之徒的口吻。

至於儒釋道三家如何安置在自我生命呢？中郎模式就有別於晚明士人了，纏綿病榻不免有「名豈儒冠誤」的感嘆（《錢校・病起偶題》，卷 1，頁 10），而進取功名卻一直是應世的價值主流，至於釋、道二家，不過在生命困頓不安之際，提供舒解的言說藉口而已，僅俱有緩解作用，並非眞能契入奧旨，直到萬曆十七年（1589），與聞心性之學，才感到深刻的震撼。

後一階段，萬曆十八年至二十二年（1590-1594），正當他二十三歲至二十七歲之際，這其間他二度參加北京會試，登壬辰進士第（萬曆二十年，1592），師事焦竑，得與湯顯祖、陶望齡兄弟、黃輝等一時文雋交游，並自萬曆十九年（1591）起，三度拜訪李贄問學，〔註 8〕拼得一第與窮究心性之學，是此一

〔註 8〕袁氏兄弟三訪李贄的時間，周質平《公安派的文學批評及其發展・袁宏道年表》列於萬曆十八、十九、二十一年（頁 197），不知何據；錢伯城《錢校・別龍湖師箋》所載，則是十八年、二十年、二十一年（卷 2，頁 75），十八年，初訪，係依冒稱小修所述《柞林紀譚》之言：「柞林叟（李贄）……庚寅春（萬曆十八年，1590）止於村落野廟，伯修時以予告寓家，入村共訪之。」（《錢校・得李宏甫書箋》，卷 1，頁 25）小修《遊居柿錄》則聲稱《柞林紀譚》並未經其親校：「……有持伯修、中郎與予共龍湖論學書一冊，名爲《柞林紀譚》。乃予兄弟三人壬辰往晤龍湖，予潦草紀之，已散帙不復存，不知是何人收得，率爾流布。」（《珂雪齋集》，頁 1353）既是率爾流布之作，內容的可信度自然會有爭議；小修所言往訪時間在萬曆二十年，也與書中所記十八年不同；《遊居柿錄》另文提及訪問李贄之事：「袁無涯來，以新刻卓吾批點《水滸傳》見遺，予病中草草視之。記萬曆壬辰夏中，李龍湖方居武昌朱邸，予訪問之，正命僧常志抄寫此書，逐字批點。」（《珂雪齋集》，頁 1315）疑爲同一事，因中郎於壬辰三月成進士後，未及二月，與宗道同請告歸，兄弟三人方能相偕往訪，小修記見面時在夏天，料係歸途中順道前往，中郎〈狂歌〉詩：「六籍信芻狗，三皇爭紙上，猶龍以後人，漸漸陳伎倆。噓氣若雲煙，紅紫殊萬狀。醯雞未發覆，甕裏天浩蕩。宿昔假孔勢，自云鐵步障。一聞至人言，垂頭色沮喪。」（《錢校》，卷 2，頁 61）敘述聽聞「至人言」後，感慨過去自陷於聖人糟粕的心境，與訪李贄問學有關，似可視爲此次訪問的心得。二十年二度訪問之說，未及細論。二十一年三度往訪，則據小修《珂雪齋集・東遊記六》：「……癸巳夏（萬曆二十一年，1593），伯修、中郎與予同過此（嘉魚），便

階段的重要目標。

這段時期收錄的作品大幅增加，計一○九題，文字有漸由整斂趨於議論的傾向，在與禪師無念、李贄往來的詩中，尤具特色，如〈別無念，其三〉:「辛苦李上人，白髮尋知己，為爾住龍湖，爾胡滯於此？」其四:「湖上望君切，江上送君苦，江上與湖上，計程一千五。」(《錢校》，卷 1，頁 45)〈別龍湖師〉:「死去君何恨，《藏書》大得名，紛紛薄俗子，相激轉相成。」(同前揭書，頁 75)〈同無念過二聖寺〉:「自從智者去，寶珠曾遊此，今日無念來，添一故事矣」等(《錢校》，卷 2，頁 79)可見一斑。詩作中有較多批判時事的記載，如〈江漲〉因公安水患，寫地方官吏侵蝕築堤公款的感慨(《錢校》，卷 1，頁 20)，〈秋扇〉借扇代抒王恭妃失寵的不幸(同前揭書，頁 21)，〔註 9〕〈擬作內詞〉、〈長安秋月夜〉記萬曆的內宮生活，諷刺其荒淫誤國，(《錢校》，卷 1，頁 22；卷 2，頁 53)，〈感事〉則表示對朝綱不振，舉措失當的不滿(《錢校》，卷 2，頁 62)。再者，題材也較前一階段富於變化，除了時事外，或記詩文酒會、或抒離情別緒、或懷想寄贈、閒居雜感、或紀遊、文戲……範圍

訪李給諫太清。」(卷 13，頁 569)宗道《白蘇齋類集・龍湖》文末所署:「癸巳五月五日」(卷 14，頁 196)，中郎〈懷龍湖〉、〈將發黃，時同舟為王以明先生、龔散木、家伯修、小修，俱同訪龍湖者〉、〈阻雨〉、〈聞簫〉、〈戲題君山〉、〈嘉魚李太清書齋〉、〈龍潭〉、〈別龍湖師〉、〈余凡兩度阻魚沖霄觀，俱為訪龍湖師，戲題壁上〉諸作(《錢校》，卷 2，頁 68-78)互相參求，證據確鑿。另外，關於三袁往會李贄的記載，見於中郎〈龔惟長先生〉尺牘:「外大母仙逝時，甥方問道龍湖，未得一訣。」(《錢校》，卷 6，頁 276)宗道《白蘇齋類集・外大母趙太夫人行狀》:「不肖孟夏入都門……今年辛卯(萬曆十九年，1591)壽八十，筋力不減壯盛時，雖抱微恙，無所苦……忽一日，中宵病痰壅……忻然而逝。」(卷 12，頁 162-164)知他們於萬曆十九年五月，宗道以冊封楚府歸里入都前，曾拜訪李贄，其間正巧逢外祖母過世，此一路徑自公安至麻城，先至江陵，江陵縣有沖霄觀，〈余凡兩度阻沖霄觀，俱為訪龍湖師，戲題壁〉一詩，兩度路過即指萬曆二十一年及此年。因此，小修〈中郎行狀〉說兄弟三人之於心性之學，自萬曆十八年宗道以使事歸里，相與朝夕商證後，「如此者屢年……聞龍湖李子冥會教外之旨。走西陵質之……留三月餘，殷殷不舍，送之武昌而別。」(《珂雪齋集》，卷 10，頁 755)唯有極力參究一段時日，方能與當時一大教主李贄大相契合，留之三月，猶「殷殷不舍，送之武昌而別」。綜合以上詩論可知：他們三訪李贄時間應該是在萬曆十九年、二十年及二十一年，十八年初訪之說，係受偽書《柞林紀譚》的誤導。

〔註 9〕〈秋扇〉詩:「渥渥齊紈素，團團明月輝。含羞王氏女，失寵漢宮妃。出入心猶在，炎涼態已非。自甘藏篋笥，不敢觸寒威。」此作可兼有二解，一則大膽的為失寵的皇長子母——王恭妃，代鳴不平；一則藉以自抒落第不遇之悲。

擴及整個生活領域，展現文人追求恬適風雅生活的品味。在內容上，則仍帶有禪、道兩家的色彩，如在〈宿僧房〉感歎：「早知嬰世網，悔不事袈裟」（同前揭書，頁 95），〈偶題〉說：「謝安何小草，相業僅能棋」（同前揭書，頁 84），〈夏日即事〉自述情懷是：「一官因懶廢，萬事得禪逃」、「世事輸棋局，人情轉轆轤，浮生寧曳尾，斷不悔江湖。」（同前揭書，頁 83）

批評時事，對政局失望，容易造成政治的捨離，正好與釋、道兩家隱退的思想呼應，促使知識分子轉而追求風雅的文人生活。於是，我們似乎也可推論：致力於心性之學，改變他整個生命情調——放浪形骸、徜徉於林泉高致，批判時事，反抗封建禮教，洸洋自恣，改變創作觀念。這樣論斷便先預設、誇大了心性之學的影響力。事實上，批評時事之作，〈江漲〉、〈秋扇〉、〈擬作內詞〉三首都作於萬曆十八年（1590），前一年秋天，他首度參加北京會試，鎩羽而歸，懷才不遇的鬱悶，不免反映出對當政者的不滿；約在同時的作品〈花朝即事〉，也是這種心情的另類表現：

> 雨過庭花好，開樽亦自幽。不知今夕醉，消得幾年愁？一朵新紅甲，
> 四筵半白頭。久知行樂是，老矣復何求？（《錢校》，卷 1，頁 19）

「醉」「愁」出自於科舉功名的艱難——一朵新紅甲，四筵半白頭。而「久知行樂是，老矣復何求」，就是這種無奈境遇的情緒反應。不論是批評朝政、或是醉飲行樂，都曲折的展現對功名的渴望。

萬曆二十二年（1594），在北京謁選，懷念小修作〈憶弟〉三首，還爲他掩蹇科場，深致感慨：「兄弟皆衣紫，君胡命苦辛」，「獨我能青眼，因君是白眉」（《錢校》，卷 2，頁 94），功名、世事豈眞是棋局而已？萬曆二十年（1592）進士得第，不久就告請返鄉，他說是「一官因懶廢」，事實上也與「懶」無關，而是因爲中三甲第九十二名，不算「俊秀超凡」，未被選入翰林院讀書，或留在北京任職，因此憤懣不滿，返鄉候選，是無奈下的權宜之計，說是「一官因懶廢」，不過是假山人、處士之流，以自鳴清高、放逸。

因此，他在窮究性命之學，且經李贄印可後，並非眞能得到生命的大解脫，追求功名利祿仍是人生的一大目標，釋、道二家則是提供另一種託迹塵世的生活型態，在情緒低潮時可以投靠，所謂「早知嬰世網，悔不事袈裟」、「浮生寧曳尾，斷不悔江湖」，都是刹那間浪漫的憧憬，無干於眞實生活的抉擇。可見解粘去縛的作用，不在政治的捨離，而在發興遣懷，得到刹那間的解脫，整體生命蘄向，與萬曆十七年以前，並無異質的轉變。

而何以前一階段擬古之作較多，後一階段卻與現實生活關係更爲密切？個中三昧就在有否自覺了，不自覺而有類似的生活態度，得諸家學、成長環境、個人才情，但學養尚淺，識見未開，題材不免受到限制；既厚積於前，又經點化醒覺，敏銳度提高、寫作題材增加，文字經營更有信心，加以矜奇立異刻意型塑一種文人風雅的生活典範，作品自然更個性化，「我」在的意味更濃。萬曆二十二年（1594），他評論時下詩風的意見，可以檢證：

> 草昧推何李，聞知與見知。機軸雖不異，爾雅良足師。後來富文藻，詘理競修辭。揮斤薄大匠，裹足戒旁歧。模擬成險狹，莽蕩取世譏。直欲凌蘇柳，斯言無乃欺。當代無文字，閭巷有眞詩。卻沽一壺酒，攜君聽〈竹枝〉。（《錢校・答李子髯，其二》，卷 2，頁 81）

從字面上看來，這首五古好像將閭巷歌謠，抬高到新典範的地位，以致當代文人名士苦心孤詣之作，皆被視同廢紙。筆者以爲：這是一種相對性誇飾的修辭方式，中郎推尊的仍是主張復古的前七子領袖何景明、李夢陽，稱美他們「爾雅良足師」，只是就當代過度執著於文字模擬，所衍生的「詘理競修辭」、「險狹」、「莽蕩」，以致喪失眞我的弊端而言，閭巷眞詩，創作形式與情感的自然眞實、不受拘束，正好可以提供頑固的擬古人士學習，因此與其說他提倡民間詩歌，不如說他醒覺之後，特別看重創作的個性化，李何之「爾雅」也必然自有其性情在，同樣的道理，萬曆十七年（1589）以前，一、二十歲少年中郎的擬古，在習作之餘，也別有一番少年情懷吧！

「我」在前後階段作品中，或表現爲及時行樂的生活態度，或反映爲孜孜學道的熱忱，共同的課題則在於抒發對生命無常、世事如棋的不安。中郎身子一向羸弱，十九歲曾大病一場，〔註 10〕加上這份天生的敏銳、善感，是促成生命醒覺，熱衷於性命之學關鍵因素，也是在不自覺下猶然瀟灑俊逸，突破常軌的內在依據，他在〈述懷〉詩中，回憶少小讀書的心得，已有擺脫牢籠的氣概：

> 少小讀詩書，得意常孤往，手提無孔鎚，擊破珊瑚網，香象絕眾流，俊鶻起秋莽，淫僻畏仁義，行止羞罔兩，滅火事長塗，何處稅歸鞅。

〔註 10〕萬曆十四年（1586），他十九歲，因得大病，有〈病中短歌〉、〈病起獨坐〉、〈病起偶題〉等作，（《錢校》，卷 1，頁 9-11）據詩中所述：「吁嗟我生年十九，頭髮未長顛已朽，病寒三月苦沉吟，面貌如煙戟露肘。」（〈病中短歌〉，頁 9）枯羸之狀可想而知。

（《錢校》，卷1，頁37）

以香象、俊鶻比喻自己當年衝決網羅，逾越前賢矩範的大氣，正可見李贄對中郎生命豁醒的影響，推波助瀾之力超過啓蒙之功，小修所謂「先生既見龍湖，始知一向掇拾陳言、株守俗見，死於古人語下，一段精光不得披露。」（《珂雪齋集・中郎行狀》，卷18，頁756）也不是啓蒙義，而是指中郎少年讀書徘徊於任性而發，突破矩範與步軌前賢、株守成說的矛盾，至此才得到確認，找到繼續揮霍將事的信心。李贄在〈高潔說〉一文，述及自己被指爲狷隘而不能容，僻傲而不能下，事實上卻是「殊不知我終日閉門，終日有欲見勝己心也，終年獨坐，終年有不見知己之恨也。」（《焚書・雜說》，卷3，頁105）那麼，他對袁氏兄弟的禮遇，也可說是對勝己者的接納，與對知己者的歡迎。

《敝篋集》雖僅披露中郎出仕前生活的部分面貌，但已能展現一個生命成長的風姿，這個線索告訴我們：一個敏銳善感的心靈，面對羸弱如風中燭火的血肉形軀，以及固若銅牆鐵壁的社會體制，在可愛與可信、情趣與志業的衝突中，如何探索生命的安頓之道，中郎的答案是——解縛去粘，這種解脫不是對既有價値體系的全盤否定，而是擺脫他主觀認定爲矛盾的部分，因此，既致力於談禪論道，卻又聲色、葷酒不斷，既說「鵷雛雖餓死，不與雀爭多」（《錢校・小齋》，卷1，頁37）依然慨嘆小修「兄弟皆衣紫，君胡命苦辛」（《錢校・憶弟》，卷2，頁94）窮究心性之學，得李贄印可，並未影響生命本質的異質轉變，只是由不自覺而自覺，多了一劑暫時化解迷惑的良方，也增加一份抉擇的自信。

第二節　解縛去粘後的思想面貌

生命的本質是無常，年壽有時而盡，富貴窮達幻如風雲，苦樂相隨，欲求擾嚷……諸多不確定、難以掌握的無奈，誘導人開悟出種種因應之道。儒家主張泯小我於大我，開濟天下，創業垂統，追求精神不朽；道家重精神的超逸，無常既然不可免，天地又不可逃，就化身爲庖丁之刀游刃其間吧！佛家視無常爲緣起，本性空寂，教人體悟此理，化無常爲增上緣，修般若智。三家思考型態不盡相同，而當下承擔、頑強不屈則一，都企圖在不確定中，開展出永恆的花朵，學道如此，方能超越迷情、自在度日；假設竊取膚廓，實踐氣魄不夠，再恁的精研教論，終是抱著一堆聖人糟粕，與眞實人生何關？

面對生命的無常，尤其是生死課題，芸芸眾生沒有不迷亂的，只是自覺與否不同，中郎於此有清楚的認識：

古今文士愛念光景，未嘗不感歎于死生之際。故或登高臨水，悲陵谷之不長；花晨月夕，嗟露電之易逝。雖當快心適志之時，常若有一段隱憂埋伏胸中，世間功名富貴舉不足以消其牢騷不平之氣。於是卑者或縱情麴糵、極意聲伎；高者或託爲文章聲歌，以求不朽；或究心仙佛與夫飛昇坐化之術。其事不同，其貪生畏死之心一也。獨庸夫俗子，耽心勢利，不信眼前有死。而一種腐儒，爲道理所錮，亦云：「死即死耳，何畏之有！」此其人皆庸下之極，無足言者。夫蒙莊達士，寄喻于藏山；尼父聖人興歎于逝水。死如不可畏，聖賢亦何貴於聞道哉？（《錢校．蘭亭記》，卷 10，頁 443-444）

無常是存在的命限，三教聖人託於道，文人雅士或託於文章聲歌，或縱情麴糵，極意聲伎，都是對「生死」情結的銷解。唯有耽於勢利的庸夫俗子，錮於道理的腐儒，不能懇切面對自我生命，儼然一副不怕死的樣子，自然不知生活爲何事。而中郎對於生死情結，是感歎尤深的，他如何銷解這份亙古的悲情呢？

積極窮究性命之學，是一種回應。他給〈曹魯川〉信中提到「弱冠即留意禪宗」（《錢校》，卷 5，頁 252），可見當年伯修所啓導，而兄弟三人互相商證的性命之學，就是盛行於文人學士間的禪學，對於這方面的成就，中郎十分自負，萬曆二十五年（1597），他還向張幼于誇口道：

僕自知詩文一字不通，唯禪宗一事，不敢多讓。當今勁敵，唯李宏甫先生。其他精鍊衲子，久參禪伯，拜於中郎之手者，往往而是。（《錢校．張幼于尺牘》，卷 11，頁 503）

素有文名，卻謙稱「詩文一字不通」，唯獨禪宗一事，又自視甚高，雖曾問學於李贄，並非推尊爲老師，而是當作可敬的「勁敵」。這時他已接觸淨土思想，見過淨土宗大師——雲棲蓮池，〔註 11〕不過兩人雖頗相愛賞，思想卻不很相

〔註 11〕〈張幼于〉尺牘作於萬曆二十五年（1597），其時中郎辭去吳縣縣令一職，浪游浙江三月後，返回吳錫。（《錢校．張幼于尺牘箋》，卷 11，頁 503）這次行程在與〈伯修〉信中，有略爲說明：「弟以二月初十離無錫，與陶石簣兄弟看花西湖（杭州）一月……復與石簣渡江，食湘湖（蕭山）蓴菜探禹穴（會稽），弔六陵，住賀監湖十日，觀五泄（諸暨）留連數日，始從玉京洞歸……已又至杭，挈諸君登天日（餘杭），住山五日……便道之新安……遊竟從新安江順

契，他認爲「蓮池戒律精嚴，於道雖不大徹，然不爲無所見者。」（《錢校．雲棲》，卷 10，頁 437）雖然有所悟，但仍於道「不大徹」，不能直探究竟，「究竟」到底是何等境界？也只是主觀的認定，其中關鍵可能在於對「戒律」看法的歧異。

在〈記藥師殿〉一文中，讚美蓮池的胸懷、氣度：

> 僧之好淨者，多強人吃齋，余不能齋，而蓮公復不強我，凡鍋蹭瓶盤之類，爲僕子所羶，亦無嗔怪……余弟最麤豪，蓮公不厭；余性狂僻，多詆詩，貢高使氣，目無諸佛，蓮公不以爲妄……（《錢校》，卷 10，頁 465）

這種「不能齋」「性狂僻、多詆詩、貢高使氣、目無諸佛」的面貌，與蓮池的「戒律精嚴」，正好是個強烈對比，這絕不是禪、淨兩派思想理論不同所致，而係關涉到個人對教理的認知，與修行境界的高下。學佛的人講究二門並修，一爲解門，指博覽三藏教典，擇其一宗深入研究；另一爲行門，指依根器專修一法；禪淨之別是行門道法的不同，不論是主張「明心見性」，或是宣言「帶業往生」，都鼓勵人建立行善的自信，最終目的都在破諸煩惱、證眞實理，也就是要達到三無漏學——戒、定、慧的境界。《楞嚴經》說：「攝心爲戒，因戒生定，因定發慧，是則名三無漏學。」三學有其次第，持戒爲學道的根本，焉有本末、終始不分，而能寂照光明、去惑證理者？依此看來，蓮池的「戒律精嚴」，恰是成爲一代高僧的資糧，因戒生定，因定發慧，胸懷、氣度自然恢闊磅礴；中郎蔑棄戒律，自命風流，反而是學道的魔障。

戒律包括禁戒和勒令，禁戒是消極的去惡防邪，勒令是積極的爲善開悟，兩者相輔相成，涵蓋一切善法，並非僅是一套儀法虛文。禪宗強調「不立文字、教外別傳」，本意也不否定戒律，反而是要積極透過實踐、體證，開悟出應機的戒律，換句話說，雖「不立文字」亦不離文字，「法尙應舍」亦不捨一

流而下……」（同前揭書，頁 491-492）大概自無錫經杭州、蕭山、會稽、山陰、諸暨、餘杭、歙縣、休寧，從新安江順流至杭州，再回到無錫。他在〈記藥師殿〉提到：「淨慈僧房，唯蓮公房最幽僻……小修曾與蔣蘭居譚禪寓此。余今歲（萬曆二十五年，1597）同陶石簣、方子公看花西湖，凡三往返，皆居焉。」（《錢校》，卷 10，頁 465）可知越行期間曾三度往見蓮池，當時曾與方子公討論「念佛可生淨土」的問題，並舉伯修次子登十三歲（萬曆十九年，1591）往生事，以證事實不誣（《錢校．與方子論淨土》，卷 10，頁 476）。小修見蓮池時間更早，其〈袁氏三生傳〉皆談往生淨土事（詳《珂雪齋集》，卷 17，頁 735-736）。可知中郎兄弟在見過蓮池之前，已曾接觸淨土思想。

切法，這是本心的自我立法，也是佛所說的究竟法，《金剛經》上說：「佛說一切法，皆是佛法……所言一切法者，即非一切法，是故名一切法。」旋說旋掃的語言策略，也無非強調法不離體證的活潑性，因此看似撥弄語言的禪宗公案，事實上是面對像法時期的特殊機緣，〔註 12〕道化訛替、人根器轉變，眞正的法儀、行儀隱晦不彰，應機提出的施設，藉以探測弟子的內在思維，及其修持境界，既然重視佛法本意，自然不會否定戒律的存在。臨濟宗風以嚴峻激烈著稱，〔註 13〕被評爲「脫牢籠，出窠臼」，「脫」「出」二字都不是與牢籠、窠臼作斬截式的分割，而是一種轉識成智的超越，超越才能即聖人糟粕，復活聖人精神，不執空以爲有，也不執空以爲實，如果不了解禪宗設教的因緣，執著於「脫牢籠，出窠臼」，以爲眞可以了生死，無疑是一種歧出。

中郎第一本心性之學的專著是《金屑編》，全書共七十二則，自稱是參臨濟宗楊歧公案的心得，通篇意興遄飛，滿紙奇言怪語，截斷眾流、不容擬議，充份展現禪宗「不立文字，教外別傳」理念下，語言經營的特質，如：第一則舉《楞嚴經》：「吾不見時何不見吾不見處，若見不見，自然非彼不見之相，若不見吾不見之地，自然非物，云何非汝。」他參的是：

> 看看三世諸佛在你脚跟下，過了也直繞，一踏粉碎，閻羅王未放你在；銕（鐵）壁銀山，金剛栗棘，放去非離，拈來非即，海神不貴，夜明珠滿地，撮來當面擲。（葉 2）

第七則舉慧可覓心的公案：『慧可問初祖曰：「我心未安，乞師與安。」，祖曰：「將心來，與汝安。」可良久曰：「覓心了不可得！」祖曰：「我與汝安心竟。」』中郎參的是：

> 驢前馬後漢切忌，承當爲甚如此，鵝王擇乳，素非鴨類，白玉壺中貯

〔註 12〕佛家凡一佛出世，則以其佛爲據，立正法、像法、末法三時。然諸經皆說正、像二時，唯《大悲經》有三時之分。嘉祥《法華義疏》五說：「佛雖去世，法儀未改，謂正法時；佛去世久，道化訛替，謂像法時；轉復微末，謂末法時。」《法華玄贊》五更從教、行、證三個角度，比較三時差異：「若佛正法，教、行、證，皆具足有；若佛末法，唯有教在，行證並無。」至於三時年限，《大悲經》說末法爲萬年，正、像二時，各經論所說不同，中古以來，大致採《大集月藏經》、《賢劫經》、《摩耶經》等說法，以正法爲五百年，像法爲一千年。（詳《佛學大辭典》，冊 1，頁 828-829）

〔註 13〕禪宗六祖惠能一系，入宋以後，進一步分爲五家二宗，五家即臨濟、潙仰、曹洞、雲門、法眼；七宗是以上五家加上由臨濟宗分裂出來的兩個派系—黃龍和楊歧派。宋、明以後，五家七宗大半衰落，只有臨濟、曹洞兩宗獨盛一時；不過各宗派之間，儘管宗風不同，教義上並無差別。

清水，千尺探竿難到底，不是渠儂心特深，大虫元在平田裏。（葉4）

這兩則公案都觸及禪宗的核心問題——明心見性，第一則《楞嚴經》公案，闡明心性本體雖無形無相，不可以音聲求，卻是修行的關鍵主體，中郎參之爲「三世諸佛」、「閻羅王」、「夜明珠」，因爲是「非物」，〔註14〕故說是「放去非離，拈來非即」。第七則「慧可覓心」公案，則是順著「一心開二門」的思想，心有生滅流轉的妄心，達摩要他「將心來」，從本源處點出病根，逼使慧可當下印心——本來無一物，妄心之生滅不過是作繭自縛，「妄心」與否，端看自己的工夫了，所以中郎參的是「承當爲甚」，因爲佛性本具，如「白玉壺中貯清水」，清澈見底，至若「千尺探竿難到底」，無關主體心性，而是工夫不夠，放縱妄心造作，故說「大虫元在平田裏」。

不過這種參禪的方式，仍停留在公案指點心性本體的內容，境界上無所開發，語言意象的經營，也不同於公案的素樸自然，流露著佻躂、造作的氣息，有公案自由活潑的假相，缺少由生命修爲直接展現的機鋒，因此，比喻本心的意象增加了，卻無法更細膩、精確的傳示出生命的訊息，大抵是慧業文人一流，生死情切有意學道，快速掌握幾個宗門概念，發揮語言思辨專長，一副辯才無礙的氣勢，而受限於生命格局，學道未必篤實，見道未必眞實，對於宗門教義的理解，也難免流於自由心證了。

不能齋素，不一定是蔑棄戒律，但是一方面標榜「發願窮無生，百劫相砥礪」（《錢校・出燕別大哥、三哥》，卷3，頁110）、「終要自己尋一出頭，或仙或佛，決不敢從他人問路」（《錢校・潘去華尺牘》，卷3，頁245），一方面又以「性狂僻，多誑詩，貢高使氣」沾沾自喜，理想與實際作爲是否存在極大的落差？前文已討論過：觀察中郎平生處事，的確是以學道爲人生蘄向（詳第一章第二節），「發願窮無生」等絕非戲言，那麼，何以發心如此，而行徑卻大反其道？關鍵仍然在於對禪學的認知。

萬曆二十四年（1594），給〈曹魯川〉回信，討論「禪」的旨趣，最能傳示他的佛學觀點：

禪者定也，又禪代不息之義，如春之禪而秋，晝之禪而爲夜是也。

〔註14〕以「非物」指涉心性本體的說法，亦見於慧能與弟子南嶽懷讓禪師的問答：祖問：「什麼處來？」曰：「嵩山來。」祖曰：「什麼物恁麼來？」曰：「說似一物不中。」祖曰：「只此不污染，諸佛之所護念，汝既如是，吾亦如是。」（《五燈會元》，頁215）

> 既爲之禪，則遷流無已，變動不常，安有定轍，而學禪者又安有定法可守哉？且夫禪固不必退也，然亦何必於進？固不必寂也，亦何必於鬧？是故有脱屣去位者，則亦有現疾毗那者；有終身宰執者，則有沈金湘水者。人心不同，有如其面，可以道途轍迹，議《華嚴》不思議境界耶？夫進退事也，非進退理也。即進退，非進退，事理無礙也，進不礙退，退不礙進，事事無礙也，即進即退，故曰行布不礙圓融；進者自進，退者自退，故曰圓融不礙行布。法爾如然，豈容戲論。且佛所云小始終頓等教云者，豈眞謂諸教之外，別有一圓教哉？政以隨根說法，故有此止啼之黄葉耳。不知諸佛出世，小即是圓，何必捨小？圓亦是權，何必取圓？尚無有深，何有于淺？《華嚴》迥出常情，政在于此。（《錢校》，卷 5，頁 253）

這段文字在於說明禪定的最高境界，完全脫略行徑，不必退亦不必於進，不必寂亦不必於鬧，如此才能生起《華嚴經》理事無礙、事事無礙的不思議境界，〔註 15〕無非在強調佛家的圓融思想，這個思想說得最清楚的，是華嚴「十玄門」，〔註 16〕十玄門的「性起」法門認爲：一切事相唯由如來藏心迴轉善成，因此，事法界中的差別事相，皆隱藏有如來藏心的本性，差別事相之間也互相融攝而不相妨礙，這個道理所顯示的境界，是華嚴所宣說的最了義、圓融的事事無礙法界。中郎的「圓融」，則強調「既爲之禪，則遷流無已，變動不常，安有定轍」，從「禪代不息」的角度，說明法的隨機性，因爲隨機，自然無「定法可守」，紛紜事相如「道途轍迹」，輕率論斷是非，就不是智者之舉了。

華嚴的圓融主張，還貫徹到佛經深淺的判別，也就是所謂「五教、十宗」

〔註 15〕理事無礙，事事無礙皆爲《華嚴經》四法界之一，其餘則爲事法界和理法界，「法界」一詞，有雙層含意，一爲現象界的差別事物，澄觀《華嚴法界玄鏡》指出：「事法名界，界則分義；無盡差別之分齊故。」一爲生起差別事物的如來藏心，即事相之本性。故澄觀又解釋說：「理法名界，界即性義，無義事法同一性故。」（詳《大正藏》，卷 45，頁 772-773）理事無礙、事事無礙的觀念，即在說明事相及其本性的相即相融，與紛紛事相彼此相融相攝，進一步展開《華嚴》「法界緣起」的思想。

〔註 16〕法藏《大方廣佛金師子章》，依據智儼繼承杜順所說撰寫的《華嚴一乘十玄門》，制訂十玄門爲：一、同時具足相應門，二、一多相容不同門，三、秘密隱顯俱成門，四、因陀羅網境界門，五、諸藏純雜具德門，六、諸法相即自在門，七、微細相容安立門，八、十世隔法異成門，九、由心迴轉善成門，十、託事顯法生解門。（詳《大正藏》，卷 45，頁 515-518）

的判教，〔註17〕五教是小乘教、大乘始教、大乘終教、大乘頓教、大乘圓教。楊惠南《佛教思想發展史論》簡介五教宣說的重點是：

> 小乘教當然指《阿含經》中所宣說的「四諦」、「十二因緣」等道理，〔註18〕大乘始教又分爲「相始教」和「空始教」；前者指的是唯識經論中所宣説之「有」的道理，後者則是《般若經》中所宣説之「空」的道理。依照華嚴宗的看法，它們都只是進入大乘之初階，因此稱爲「大乘始教」。「大乘終教」，顧名思義即知道是指大乘終極的道理；那是指宣說「如來藏」、「佛性」等道理的經典，例如《楞伽》、《勝鬘》等經，而「大乘頓教」則指類似禪宗之類的教理，它教導眾生不必拘泥於任何形式，也不必歷經長遠時日的修行，直截了當地對眾生宣説最高深的道理，讓這些眾生迅速地證入佛（陀的境地）。而「（大乘）圓教」則是大乘佛法中最爲圓融無礙、最爲圓滿無缺的道理。依照華嚴宗的説法：「圓教」共有兩種：（1）同教一乘圓教，指的是天臺宗重的《法華經》。它共同地教導三乘眾生和鈍根、利根的

〔註17〕「十宗」之説是華嚴另一種角度的分判，其名目爲：一、我法俱有宗，指部派佛教中的犢子部。二、法有、我無宗，即説一切有部。三、法無去來宗，指大眾部。四、現通假實宗：指大眾部分出的説假部，與撰述《成實論》的經部師。五、俗妄、眞實宗，指大眾部分出的説出世部。六、諸法但名宗，指大眾部分的一説部。七、一切法皆空宗，指《般若經》系統。八、眞德不空宗，指大乘終教。九、相、想俱絕宗，指禪宗、《維摩經》等主張。十、圓明具德宗，即《華嚴經》「別教一乘」的究竟了義（詳《大正藏·華嚴一乘教義分齊章》，頁481-482），大抵是「五教」觀念主一步的開展。

〔註18〕「四諦」是釋迦成道後，在鹿野苑對五比丘所説，指示人超凡證聖的道理。其目爲苦、集、滅、道，就現實世間而言：集是苦之因，苦是集之果，眾生因見思二惑，妄造一切惡業，依業受報，爲煩惱所逼，故説是苦集而後有苦。人要超越眾苦就要修行，道諦是指示修行的方法，也就是通往滅諦——解脱、涅槃的途徑，故説道諦是因，滅諦是果，前二者是世間的有漏因果，後二者是出世間的無漏因果。「十二因緣」即是釋迦緣起論的具體內容，他主張世間事物的生成和滅除，都不是絕對或獨立的存在，而是由於「因」和「緣」相互依持而起的，完整的「十二因緣」，是釋迦逝世後，弟子整理而成，依序爲：一、無明。二、行。三、識。四、名色。五、六入。六、觸。七、受。八、愛。九、取。十、有。十一、生。十二、老死。與「四諦」意思相同，不過名相有開合之別，依其二門——流轉門、生滅門來看：流轉門是所謂「無明緣行，行緣識，識緣名色……」知諸法爲因緣生，相當於由集諦到苦諦。還滅門則是所謂「無明滅則行滅，行滅則識滅，識滅則名色滅……」知因緣別離則諸法滅，觀十二因緣之智，即是道諦，滅除十二因緣，則爲滅諦，還歸涅槃眞性。

> 菩薩們，令這些眾生同入一佛乘中而解脫成佛；因此稱爲「同教一乘」。(2) 別教一乘圓教，指的是《華嚴經》所宣說的道理。這是最高深、最究竟的道理，不是一般小乘或鈍根菩薩所能理解，而是特別爲那些利根的大菩薩們所宣說的；因此稱爲「別教一乘圓教」。(頁337-338)

五教又可和四法界互相對照：

五教		宣說重點	四法界
小		《阿含經》(說四諦、十二因緣)	事法界
始	相	唯識系統(說有)	事法界
	空	《般若經》系統(說空)	理法界
終		《楞伽》《勝鬘》(說如來藏)	理事無礙法界
頓		禪宗(重悟)	理法界
圓	同教一乘	《法華》(說性具、一念三千、開權顯實)	事事無礙法界
	別教一乘	《華嚴》(說性起、圓融)	事事無礙法界

綜合上述的討論可知：《華嚴》判教，是依照說法內容究竟的程度而定，小、始、終、頓四教，都是進入圓教的階梯，爲修行者指出究竟了義的境地；雖然它的「別教」特質——專爲利根菩薩宣說，在主張攝三乘歸一的天台智顗看來，有失大乘佛教普渡眾生的本懷，不算是純粹的圓教，這也是見仁見智的說法，並無礙於理論本身的系統性。

中郎對《華嚴》判教的看法，大抵承襲智顗的觀點，但是智顗認爲華嚴時等五時教判，〔註 19〕是依照釋迦說法的先後次序而分，中郎則認爲是「隨根說法」,「小即是圓」、「圓亦是權」，無有深淺，華嚴之論是「迴出常情」。這樣的批評，和文中論進退的思考邏輯是一樣的，企圖將「華嚴」理事無礙、事事無礙的法界觀，化約爲禪宗的「無定法可守」，依此類推，一切行布轍迹

〔註 19〕「五時教」爲天台宗所立，係就釋迦一代說法次序而分，第一是華嚴時，依經題立名，是釋迦成道最初三七日，說《華嚴經》期間；第二是鹿苑時，就地立名，說《華嚴經》後十二年，於鹿野苑說小乘《阿含經》階段；第三是方等時，就說法內容特質擬名，於鹿苑時後八年，說《維摩勝鬘》等大乘經時，第四般若時，方等時後二十二年，說諸部《般若經》之時，此是依經付名：第五法華涅槃時，說般若二十二年後，說《法華》八年，說《涅槃經》一日一夜，此階段亦依經題予名（詳《佛學大辭典》，頁 541）。

自然無礙於圓融，因此，刪削一切情境背景，孤立的說「即進退，非進退」、「進不礙退，退不礙進」，或泯除小、圓立論深淺之別，而說「小即是圓」、「圓亦是權」。其中固然參雜有天台「開權顯實」的觀點，也與《華嚴》圓融思想相通，本質上卻是禪宗自由、解放精神的過度膨脹。

在這種前提下，本爲討論哲理的文字，非但沒有深刻、細微的體會，反而展現機智才辯的特色，套用理事無礙、事事無礙的名相，爲現實生活的抉擇，敷衍一套合理化的解釋。〔註 20〕最了義的圓融，淪爲和稀泥的藉口，由此大談生活理念，就展現爲魏晉名士的狂誕：

> ……眞樂有五，不可不知。目極世間之色，耳極世間之聲，身極世間之鮮，口極世間之譚，一快活也。堂前列鼎，堂後度曲，賓客滿席，男女交舄，燭氣薰天，珠翠委地，金錢不足，繼以田土，二快活也。篋中藏萬卷書，書皆珍異。宅畔置一館，館中約眞正同心友十餘人，人中立一識見極高，如司馬遷、羅貫中、關漢卿者爲主，分曹部署，各成一書，遠文唐、宋酸儒之陋，近一代未竟之篇，三快活也。千金買一舟，舟中置鼓吹一部，妓妾數人，遊閑數人，泛家浮宅，不知老之將至，四快活也。然人生受用至此，不及十年，家資田地蕩盡矣。然後一身狼狽、朝不謀夕，托缽歌妓之院，分餐孤老之盤，往來鄉親，恬不知恥，五快活也。士有此一者，生可無愧，死可不朽矣。若只幽閑無事，挨排度日，此最世間不緊要人，不可爲訓。(《錢校・龔惟長先生尺牘》，卷 5，頁 205-206)

「幽閑無事，挨排度日」的生活，果眞不可爲訓嗎？端看個人價值觀念如何罷了，中郎由解放、機辯的角度出發，所謂五快活者，自然與傳統士人的想法不同，非但是功名利祿要顛覆，就連知恥的觀念也要解放，反正橫說豎說都是「事事無礙」，才稱作「圓融」，這種圓融的最高境就是「適世」：

> 弟觀世間學道有四種人：有玩世，有出世，有諧世，有適世。玩世者，子桑、伯子、原壤、莊周、列禦寇、阮籍之徒是也。上下幾千載，數人而已，已矣，可復得矣。出世者，達磨、馬祖、臨濟、德

〔註 20〕中郎此信是覆函，可能是曹魯川聞其有辭官之想，以華嚴法界觀勸阻，覆函末才說：「因來諭及《華嚴》法界，故敢盡其狂愚，唯終教之，千萬著眼。」又說：「區區行藏，如空中鳥跡，去即是是，留亦非非，自不必以佛法爲案。」(《錢校》，卷 5，頁 254)

> 山之屬皆是。其人一瞻一視，皆具鋒刃，以狠毒之心，而行慈悲之事，行雖孤寂，志亦可取。諧世者，司寇以後一派措大，立定腳跟，講道德仁義者是也。學問亦切近人情，但粘帶處多，不能迥脱蹊徑之外，所以用事有餘，超乘不足，獨有適世一種其人，其人甚奇，然亦甚可恨，以爲禪也，戒行不足；以爲儒，口不道堯、舜、周、孔之學，身不行羞惡辭讓之事，於業不擅一能，於世不堪一務，最天下不緊要人。雖于世無所忤違，而賢人君子則斥之惟不遠矣。除此之外，有種浮泛不切，依憑古人之式樣，取潤聖賢之餘沫，妄自尊大，欺己欺人，弟以爲此乃孔門之優孟，衣冠之盜賊，後世有述焉，吾弗爲之矣。(《錢校‧徐漢明尺牘》，卷 5，頁 218)

玩世是道家的境界，出世是佛教的應世態度，諧世是儒家的人生觀，佛門清寂，孔門粘滯，皆不算圓融；玩世者如「飛則九天，潛則九地，而人豈得而用之？」故是古往今來「討便宜人」、「第一種人」（詳《錢校‧湯義仍尺牘》，卷 5，頁 215-216），但是這種境界的人，「上下幾千載，數人而已」，不易迄及；中郎是爲人用者，因此認爲適世者與自己最爲相契，這種非釋、非儒、非道、亦釋、亦儒、亦道的修道型態，其實也是機巧，可以游離於三教中，任意取資，又可超然於三教之外，不落羈索，三教皆我註腳，果然是「理事無礙」「事事無礙」，眞是「自適之極」。何況這類人，典範未立，大概算是當時的新人類，恰好符合「依憑古人之式樣，取潤賢聖之餘沫」「吾弗爲之」的原則，中郎被型塑成風流倜儻、打破封建禮教的勇者，這個階段所展現的貌似圓融的快活、自在，居關鍵因素。

而生命本身是素樸無華的，刻意造作出的恣態，固然有絢麗光鮮的一面，卻無法解決來自生命的迷思，這個階段的中郎，生命型態正是如此，他大談快活、適世的人生觀，縱情詩文酒會，絕不肯折腰事人，好像找到人生的出路，別人同情他作令累出病來，〔註 21〕則大談苦樂相生之理反駁：

> 有官之樂，即有官之苦；有病之苦，即有病之樂。以官得病，此官苦也；以病得歸，此病樂也。官病相隨，是消息理；苦樂相生，是

〔註 21〕據〈乞改稿〉言：「職自八月十三日病瘧來，經今五月。」(《錢校》，卷 7，頁 318)〈乞改稿五〉亦言：「職自八月中一病至今，時逾六月矣，奄奄待盡，惟候一改，以俟從容調養。」(同前揭文，頁 323）知中郎辭卸吳縣縣令的藉口之一，係因萬曆二十四年（1596），大病一場，長達六個多月。

輪趣。然則世法豈有常哉？（《錢校・王孟夙尺牘》，卷 6，頁 294）

惋惜他少年辭官，則辯稱是：「宏也負奇氣，氣高心廉纖。空有如綿腰，了無似戟髯」，「無用合退藏，非是退藏是……與其作假龍，孰若眞蟲蟻」（《錢校・嚴子陵灘限韻，同陶石簣、方子公賦》，卷 9，頁 397），將辭去吳令的無奈，〔註 22〕付諸清談、笑謔，一副豁達自在的樣子。事實上是企圖透過言說的姿態，去消解生命的悲情，他喜歡「聽曲石上」的明月，〔註 23〕常常扮演明月的角色，抽離於情境之外，帶著一種隔的美感觀照，冷眼笑談人生，一似事不關己，賞玩而已。賞玩有趣，無明、煩惱卻總在曲終人散時一擁而上，他誇稱「唯禪宗一事，不敢多讓」（《錢校・張幼于尺牘》，卷 11，頁 503），卻又感覺到「學道參禪都未澈」「是我萬般辛苦地，如今閒話儘逍遙」，（《錢校・雨中過蘇》，卷 9，頁 414），以致「排遣何曾達，思惟亦是塵」，（《錢校・宿惠山僧房》，卷 8，頁 337），以「用閑話逍遙」的姿態面對生命，終究是鏡花水月一場，「學道遇魔墮落傍生趣」了（《錢校・桑武進尺牘》，卷 11，頁 512）難怪從青澀少年到初仕辭官，日日學道，時時求快活，卻落得妄想不斷，攀緣不止，解脫不得，任憑重重生死流轉的蓋纏，啃噬脆弱的心靈；

〔註 22〕小修〈中郎行狀〉敘其辭去吳令之職，係起因於寺僧的爭端：「會吳中有天池山之訟，先生意見與當路相左，鬱鬱不樂，遂閉門有拂衣之志。」（《珂雪齋集》，卷 18，頁 757）中郎給當時蘇州知府孫成泰信中，也對此事深致不滿：「不意明公趣深林泉，興衰圭組，拂衣東歸，如脫羅之鵠，潛翮之鳳。致令走黃口奪乳，生育失怙。宦海風濤，頃刻萬狀，舵師既去，此後將不知飄泊何所矣……走生平見異骨異人，無逾明公者，只此一舉，眞可愧今之口談性命而身趨榮利者。走也不敏，願隨後塵。」（《錢校・孫太府尺牘》，卷 6，頁 267）中郎與知府大概同時受到上官脅迫，知府先行掛冠去職，他因此有「致令走黃口奪乳，生育失怙」之慟，既感慨「宦海風濤，頃刻萬狀」，又悲憤部分寺僧之「口談性命而身趨榮利」，所以也有「願隨後塵」之念。〈天池〉記中說：「余時以勘地而往，無暇得造峰頂……時，寺僧方有搆……」（《錢校》，卷 4，頁 172）即指處理此案之事，後來萬曆三十四年（1606），給〈袁無涯〉信中，還有「花山公案何如？」之語，（《錢校》，卷 43，頁 1282）可見當時事態複雜，延宕十年才結案。中郎辭卻吳令的眞正關鍵在此，其他《去吳七牘》所述，祖母詹氏病危，自己羸弱多病不堪任事等（詳《錢校》，卷 7，頁 313-323），無非是藉口而已。

〔註 23〕中郎解去吳令之職後，曾追記任職期間的蘇州之遊，〈虎丘〉是其中一篇：『吏吳兩載，登虎丘者六。最後與江進之、方子公同登，遲月生公石上，歌者聞令來，皆避匿去。余因謂進之曰：「甚矣！烏紗之橫，皂隸之俗哉！他日去官，有不聽曲此石上者如月。」今幸得解官，稱「吳客」矣，虎丘之月，不知尚識余言否耶？』（《錢校》，卷 4，頁 158）另曾與小修，江進之登峰看月……（《錢校》，卷 4，頁 160），可見他對「月」有份獨特的情懷。

因此，他一解官便暢遊東南山水，〔註 24〕聽說黃山中有異人，甚得無生之旨，便想「祝髮從事，永作方外人」（詳《錢校・朱思理尺牘》，卷 11，頁 482），無非想掙脫這份「百劫糾纏之病」罷了。

第三節　吳越諸集的文學觀念

周質平《公安派的文學批評及其發展》一書指出：公安派最活躍的時期是萬曆二十三年到二十八年（1595-1600）中郎出任吳令到改官赴京師組織蒲萄詩社期間（詳頁 37）。這個認定牽涉到幾個問題，第一，公安派在晚明果眞成爲一派而名重一時嗎？第二，自萬曆二十三年到二十八年，前後七年劃歸爲同一類型觀點，是否得當？

前文討論到：晚明是反省的時代，檯面上的理論，不斷的被檢視、思考、修正（詳第二章第一節），就文學理論而言，中郎的觀點是諸多類型之一，但絕非開風氣之先，當時與他理念相近的前輩，已然不少，如舉業師馮琦、焦竑，禪學勁敵李贄，兄長宗道，及徐渭、湯顯祖、董其昌等皆是，七子流裔——屠隆、曹以新、張幼于、劉子威，〔註 25〕亦與他們往來酬酢，相爲標榜，

〔註 24〕小修〈中郎行狀〉敘中郎解官後之事：「乃爲人貸得百金，爲妻小居諸費，而走吳越，訪故陶周望諸公，同攬西湖、天目之勝，觀五池瀑布，登黃山、齋雲。戀戀煙嵐，如饑渴之於飲食。」（《珂雪齋集》，卷 18，頁 758）另詳本章註 11。

〔註 25〕中郎於令吳期間，與曹以新、張幼于兄弟、劉子威詩文酬酢，往來頻繁。曹以新是王士貞外甥，近體歌行酷似其舅（詳《列朝詩集小傳・曹山人子念》，頁 482），《錦帆集》錄有〈曹以新〉〈縣齋孤寂，時曹以新、王百穀、黃道元、方子公見過，有賦〉等詩（詳《錢校》，卷 3，頁 144，149）。死後，中郎更囑人將其文稿付梓。張幼于兄弟與中郎交情更深，往返詩文散見於文集中，但是張幼于卻以「似唐人」，讚美中郎詩作，弄得他急忙辯稱「去唐遠，然愈自得意」（詳《錢校・張幼于尺牘》，卷 11，頁 502），劉子威也是中郎在吳地結識的忘年之交，他稱讚劉子威的詩文是「盛事推弘正，高才足雁行」（《錢校・劉子威》，卷 3，頁 148），《列朝詩集小傳》論其文是：「累僻字而成句」「累奧句而成篇」（頁 484），大抵詰屈聱牙，晦僻難通，也是學七子之流。屠隆爲後五子之列，萬曆二十三年（1595），曾至吳縣拜訪中郎，文集中〈屠長卿〉尺牘（詳《錢校》，卷 5，頁 225）即記此事，屠隆過世，中郎的文學同道江進之，還爲作祭文。贊揚他「余則謂先生之詩，非必有加于北地（李夢陽）諸公也，乃其橫絕一代，獨空千古者，正惟諸君子未能相忘于刻意，而先生神流機動，若非有想，若非無想，似乎不假于我，而純任乎天。」（《雪濤閣集・祭屠孺人》，卷 11，葉 12）可見他們都有詩文同好，文學觀念雖有

理念既不一致，立場也沒有流派之分，若此，是否能風行草偃於一時，就值得仔細論究了。錢鍾書《新編談藝錄》即說：

> 後世論明詩，每以公安、竟陵與前後七子爲鼎立驂靳；余覽明清之交詩家，則竟陵派與七子體兩大爭雄，公安無足比數。（頁 418）〔註 26〕

竟陵勝於公安的原因，則是：

> 蓋三袁議論雋快，而矜氣粗心，〔註 27〕故規模不弘，條貫不具，難成氣候。鍾譚操選枋，示範樹鵠，因末見本，據事說法，不疲津梁，驚四筵而復適獨坐，遂能開宗立教矣。（頁 425）

「規模不宏，條貫不具」，正見中郎文學意見，只是隨興抒發，並無鍾惺、譚元春通過選詩、評詩，〔註 28〕確立自己主張，以開宗立教的企圖，流派之說只是後人強加的標籤，影響層面自然有限了。其次，這段時期，中郎生命型態復有微妙轉變，並非始終如一（詳第四章第二節），生命型態轉變，象徵思想觀念的調整，如果不仔細觀察其間的異同，而概稱爲「公安派最活躍的時期」，就又落入過度類型化的窠臼。

中郎觀念最符合文學史典型化規格的時期，約在萬曆二十三年至二十五年（1595-1597），即本節討論初仕吳令至解官這個階段，此時，「文學」在中

相通處，但亦各有主張，看法不盡相同，卻無礙於交情。

〔註 26〕錢氏徵引當時文獻，如周櫟園《賴古堂集・汪次詩序》言：「夫世尚苟同，分竟陵、歷下而馳者，驅染成風。」方密之《通雅》：「近代學詩，非七子，則竟陵耳。」《尺牘新鈔・李繼白與張曉人》：「近代何李之後，矯以竟陵；兩相救則相成，兩相勝則相絀。」魏憲《詩持二集・自序》：「明興，一洗宋元積習，如日月經天，照耀四表。田青、長沙、北地、信陽、歷下、竟陵諸派變而愈盛。」等等（詳頁 418-422）舉證繁富，足以確認所論不誣。

〔註 27〕三袁議論雋快，而矜氣粗心之說，恐怕是以偏概全之見。中郎在萬曆二十三年到二十五年期間（1595-1597），發表的文學主張，的確有此傾向，但此後漸修漸磨，已與七子理論接近；小修早年的文學觀念，雖與中郎類近，但留下的記載很少，凡所表述，皆在中郎去世後，多爲調和之說，是兄長晚年思想的闡揚，自然不是「議論雋快，矜氣粗心」；宗道一向穩重內斂，更不如此，其〈論文〉上下二篇，極力主張「學」（詳《白蘇齋類集》，卷 20，頁 283-286）足堪爲證。如此論述，只點出中郎某個面向而已。

〔註 28〕鍾、譚曾合編《古詩歸》十五卷、《唐詩歸》三十六卷，萬曆四十五年（1617）刊行，鍾惺又有《隱秀軒集》，譚友夏有《譚友夏合集》，據錢謙益《列朝詩集小傳・鍾惺》說：自《詩歸》及兩人文集出版後，『海內稱詩者靡然從之，謂之「鍾譚體」。』（頁 570）

郎生命中的分位如何？他替同年好友江進之《雪濤閣集》作序，自述：「余與進之遊吳以來，每會必以詩文相勵，務矯今代蹈襲之風。」（《錢校》，卷19，頁 710）常被誤認爲是文學改革的宣言，事實上，是因爲進之不能和他談性命之學，只好將重點放在詩文上，當時中郎不過是一介小官，矯枉的對象大概只限於幾個至交知己，或是身旁的一小撮仰慕者而已，〔註 29〕小修〈解脫集序〉即明言：「中郎位卑名輕，人心不虛，未必能信。」（《珂雪齋集》，卷 9，頁 452）他在給友人信中，也一再表露此時生命的重心在於參禪學道：

> 吏道如網，世法如炭，形骸若牿，可以娛心意悅耳目者，唯有一唱一詠一歌一管而已矣。過此則有太上之至樂，窮天地之奧妙，發性命之玄機，究生死之根源，別儒佛之同異，足下倘有意乎？不肖願執鞭策而從事矣。（《錢校・〈徐漁浦尺牘》，卷 6，頁 304）

> 遊惰之人，都無毫忽人世想，一切文字，皆戲筆耳，豈眞與文士角雌較雄邪？至於性命之學，則眞覺此念眞切，毋論吳人不能起余，求之天下無一契旨者。（《錢校・徐崇白尺牘》，卷 11，頁 496）

> 至於詩，則不肖聊戲筆耳。信心而出，信口而談……（《錢校・張幼于尺牘》，卷 11，頁 501）

「一切文字，皆戲筆耳」，表現在文學評論上，就容易流爲錢氏所謂「議論雋快，而矜氣粗心」的惡習，「務矯今代蹈襲之風」云云，也只是隨口說說，互相勉勵一番，絕不是當作神聖的改革使命，如此，不假深思熟慮的詩文理論，也只是性命思想的延伸，確切的說：是生命氣質的流露而已。

這一階段的生命情調是以狂者姿態出現，務在解粘去縛，積快活以防死，〔註 30〕體現在《錦帆集》、《解脫集》中，「戲筆」的意味特別濃厚。就題材言：

〔註 29〕中郎官吳時的一大憾事，是沒有談禪論道的法侶，萬曆二十三年（1595），給〈王以明〉信中，即感嘆：「吳中人無語我性命者，求以明先生一毛孔不可得，甚哉法友之難也。」（《錢校》，卷 5，頁 223）萬曆二十五年（1597），解官後，與〈王百穀〉信，仍重提此事：「往歲會諸名士，都無一字及禪，以故吳令時，每以吳儂不解語爲恨。」（《錢校》，卷 11，頁 496）進之當時擔任毗鄰長洲縣令之職，與中郎爲文學同道，過從甚密，亦在「不解語」之列。他開始留意禪學，是在前往京師任職大理寺期間，小修《珂雪齋集・江進之傳》即曰：「予伯兄、仲兄及予，皆居京師，與一時名人于崇國寺葡萄林內結社論學，公與焉。」（卷 17，頁 727）葡萄社論學以性命之學爲主，進之身爲社員，自當稍有涉獵。

〔註 30〕「積快活以防死」係吳人張隱君之言，萬曆二十四年（1596），中郎借以持贈他愛作戲贈、解嘲之類的題目，如：〈漸漸詩戲題壁上〉〈戲題齋壁〉〈齋居戲題〉〈戲柬江進之〉〈戲題黃道元瓶花齋〉〈初度戲題〉〈過雲棲見蓮池上人有狗醜韭酒紐詩戲作〉〈石公解嘲詩〉〈子公貧病，口占乞笑〉等，不論旅遊、家居、題贈、自道、俗家、僧侶，皆可戲筆應對。

即使未在標題上明言的作品，也經常「戲」而爲之，如萬曆二十四年秋，（1596）他得了瘧疾，病中作詩給江進之：

〈病中見中秋連日雨．柬江進之〉

禁方藥帙滿床頭，雙挾青鬟坐小樓。疾疾愁愁三日雨，昏昏滑滑一年秋。（《錢校》，卷3，頁130）

據〈乞改稿二〉他得病始自八月十三日（卷7，頁318）接近中秋，此詩作於發病初期，症狀已相當嚴重，因此他虛弱得需要攙扶，而「雙挾青鬟坐小樓」，則不免刻意造作，誇大營塑成病態的美感；並且首二句是賦筆，後續二句則完全作景語，即景語即情語，埋怨之情通於秋雨的疾愁、昏滑，這種筆法與一般七言絕句不類，反而有元小令的風格。如：關漢卿〈大德歌．詠四時選秋〉末句，「秋蟬兒噪罷寒蛩兒叫，淅零零細雨灑芭蕉」，以景語收尾，反複抒發秋愁，深恐讀者接受不到作品中強烈的訊息暗示，這與他替小修詩「太露」之病辯白的理念相通：

吾謂今之詩文不傳矣，其萬一傳者，或今閭閻婦人孺子所唱〈擘破玉〉〈打草竿〉之類……任性而發，尚能通于人之喜怒哀樂嗜好情欲，是可喜也……而或者猶以太露病之（小修），曾不知情隨境變，字逐情生，但恐不達，何露之有？（《錢校．敘小修詩》，卷4，頁188）

將〈擘破玉〉〈打草竿〉之類，「任性而發」的創作態度，視作辭達的必要條件，作品會流於情急多露，也就不可避免了，究竟受過太多制式文化薰陶的文人，要像閭閻婦人、孺子般的，帶著一知半解，錯雜著自卑與自信的執著，隨興、直率的暢所欲言，不過也是「兒戲」一場，既不值得，也學不到，無怪乎會被另眼看作是「太露」。

戲筆的另一種特色，是出之以詼諧談謔：

父親及諸舅（詳《錢校．小修尺牘》，卷5，頁250），事實上也是共勉之意，早在前一年，他致〈龔惟長先生〉書，即大談文人之眞樂五快活事，並言「士有此一者，生無可愧，死可不朽矣。若只幽閒無事，挨排度日，此最世間不要緊人，不可爲訓。」（同前揭書，頁206）而「快活」也是他解縛去粘後的生活理想。

〈別石簣・十道不容分折，故總入雜體〉其五

學道不學禪，談星不談義，愛曲不愛音，讀書不讀字，人天收不得，賢智亦爲祟。不知何因緣，偏得同臭味。每笑儒生禪，顛倒若狂醉，除卻遠中郎，天下盡兒戲。(《錢校》卷9，頁403)

〈病痊〉

病合當求去，宦情非是闌。與其官作病，寧可活無官。腰膝皆相賀，妻兒亦自歡。高堂垂萬里，誰與說平安。(《錢校》，卷8，頁336)

這兩首詩本質上都有些傷感，前者寫依依離情，後者是失意遊子的思親情懷，而作者則高談闊論，〈別石簣〉用對顯的筆法，表達與石簣的「臭味」相投；藉石簣的笑——除卻袁中郎，天下盡兒戲，傳示相知相惜的交情，表面上嬉笑捉狹，骨子裡卻是對至交知己的戀戀不捨。

〈病痊〉起筆也相似，「病合當求去，宦情非是闌。與其官作病，寧可活無官」，同樣是以對顯的方式進行議論；頸聯以「腰膝相賀」經營意象，雖然作意好奇不免俚俗，但頗具小令本色，別有諧趣。黯然銷魂者，別是一端；遊子千里，宦情闌珊，傳語平安的心情，又豈是黯然銷魂可以道得，而皆應之以詼諧談謔；至若寫良辰美景，抒賞心樂事，就更不在話下了。

生命的輕狂，是對既有價值體制的蔑棄；文學創作的遊戲態度，也是顛覆的作用，因此，題材、內容、形式的取擇，完全偏離文壇的主流——前後七子所標舉的「文必秦漢，詩必盛唐」的復古觀念。「輕狂」不是面對生命眞誠、懇切反省後的抉擇，「戲筆」的顚覆態度，也不是回歸文學藝術本質的思考，中郎於此也有自知之明，萬曆二十五年（1597），給〈張幼于〉尺牘，即爲這段期間的「戲言」辨白：

世人喜唐，僕則曰唐無詩；世人喜秦、漢，僕曰秦、漢無文；世人卑宋黜元，僕則曰詩文在宋元諸大家。昔老子欲死聖人，莊生譏毀孔子，然至今其書不廢；荀卿言性惡，亦得與孟子同傳。何者？見從己出，不曾依傍半箇古人，所以他頂天立地。今人雖譏訕得，卻是廢他不得，不然，糞裏嚼查，順口接屁，倚勢欺良，如今蘇州投靠家人一般。記得幾個爛熟故事，便曰博識；用得幾個字眼，亦曰騷人。計騙杜工部，囤紮李空同，一個八寸三分帽子，人人戴得。以是言詩，安在而不詩哉？不肖惡之深，所以立言亦自有矯枉之過。

(《錢校》,卷 11,頁 502)

評斷詩的好壞,完全站在「世人」敵對的角度,眾人趨之若鶩的,他則大加撻伐,眾人棄如敝屣的,反而視若圭寶。當時文學風氣,貴古賤今的勢力最大,以致末流文人,受限於秦漢盛唐的格套,隨口「卑宋黜元」;他就主張傳世之作「不曾依傍半箇古人」,「唐無詩」、「秦漢無文」、「詩文在宋元諸大家」。這種評論的態度,不是嚴謹的文學改革之道。

事實上,這個時期他仍欣賞七子的風采,萬曆二十二年(1594),〈答李子髯〉詩中,就曾贊許何景明、李夢陽等前七子領袖——「機軸雖不異,爾雅良足師」,〔註 31〕萬曆二十四年(1596),給〈曹以新〉詩,也推崇當時辭世三年的文壇盟主王世貞——「文雅王元美」(詳《錢校》,卷 3,頁 144),給〈劉子威〉詩,也點明「盛事推弘正」(同前揭書,頁 184),弘治、正德是前七子李夢陽、何景明等活躍的時期,何況他自述萬曆二十六年,(1598)任職順天府教授,才認眞研讀宋人文集,〔註 32〕宋元大家殊勝處如何?此時體會大概也很有限,可見一切肆口談論,縱然也有片面道理,但不是純粹基於文學的考慮,更重要的是在成全生命的解縛去粘。錢鍾書《新編談藝錄》批評他「矜氣粗心」,就這個階段而言,最為貼切,所謂「矯枉之過」云云,文飾之言而已。

這種情況下,文學創作的思考,就發展成以不法為法,萬曆二十五年(1597),他在〈小陶論書〉一文指出:

> 陶曰:「公看蘇、黃諸君,何曾一筆效古人,然精神出躍,與二王并可不朽。昔人有向魯直道子瞻書但無古法者,魯直曰:古人復何法哉?此言得詩文三昧,不獨字學。」余聞之失笑曰:「如公言,奚獨詩文?禪宗、儒旨,一以貫之矣。」(《錢校》,卷 10,頁 472-473)

〔註 31〕中郎此言係載於《敝篋集》中(《錢校》,卷 2,頁 81),不在本階段討論之列,但萬曆二十二年(1594),中郎生命已然豁醒,文學觀念亦隨之改易,故可與《錦帆》、《解脫》思想比勘。

〔註 32〕萬曆二十六年(1598),他給〈陶石簣〉信言及:「弟近日始遍閱宋人詩文,宋人詩,長於格而短于韻,而其為文,密于持論而疏于用裁。」(《錢校》,卷 21,頁 743)隔年〈李龍湖〉書也說:「近日最得意,無如批點歐、蘇二公文集……蘇公詩高古如老杜,而超脫變怪過之……」(《錢校》,卷 21,頁 75)可見京官閒散,有餘暇認眞閱讀宋人詩文後,對於各家風格特色,方有較為客觀的見解,不似宦吳時「漢無文」、「唐無詩」、「詩文在宋元諸大家」口號式的狂鹵叫囂。

詩文、禪宗、儒旨一以貫之，就是由生命的課題衍生出來的思考，生命要快活必須解脫，詩文要不朽也要「無古法」，以「不法為法」得「詩文三昧」，因此，寫作的態度是聊為戲筆，信心而出，信口而談，「求自得而已，他則何敢知……近湖上諸作，尤覺穢雜，去唐愈遠，然愈自得意」。（詳《錢校．張幼于尺牘》，卷 11，頁 502）

湖上諸作是他解官後，作吳越遊，三度遊覽西湖所作的詩，〔註 33〕如〈初至西湖〉、〈戲題飛來峰〉、〈仲春十八日宿上天竺〉、〈湖上〉、〈過靈峰〉等，收錄在《解脫集》中，這一時期的詩，結構的客觀制約性受到更大的衝擊，以下列二詩為例：

〈仲春十八日宿上天竺〉（以下簡稱作〈宿上天竺〉）

三步一呼號，十步一禮拜，萬人齊仰瞻，菩薩今何在？欲尋眞大士，當入眾生界，試觀海潮音，不離浙江外。（《錢校》，卷 8，頁 349-350）

〈其二〉

若以色見我，是人行邪道，饒他紫金身，只是泥與草，朝來自照面，三十二種好。終日忙波波，忘卻自家寶。（同前揭文）

〈飲湖心亭，同兩陶、黃道元、方子公賦〉（以下簡稱為〈飲湖心亭〉）

便可無方丈，何須說洞庭。雖云舊山水，終是活丹青。濃淡粧常變，夭喬性亦靈。白波千丈許，最好湖心亭。（《錢校》，卷 8，頁 356）

第一篇為五言古詩，以詩組型態呈現，第二篇為五言律詩，五言以清麗為宗，詩的體性可分為兩類：一是優游不迫，一是沈著痛快（詳《滄浪詩話》，葉 3），其間雖涉及到正體、變調的問題，大抵優遊不迫是風流蘊藉，符合正體本色，沈著痛快雖以氣格為勝，仍有一番轉識成智的宛轉，但是〈宿上天竺〉、〈飲湖心亭〉二作，都只是「痛快」，既非優柔善入，也不婉而多風。前者記萬人朝山的感想，直接以批評、議論呈顯，有如詩偈；後者寫湖心亭所見，完全以議論代替意象經營，讀者失去想像的憑藉，難以感同身受，末句更以三平落腳犯忌。非但稱不得正體，即與宋元別格又有分別，這就是他自覺「穢雜」的緣故，也是自鳴得意之處。可見，所謂「以不法為法」，並不是積漸凝聚之

〔註 33〕萬曆二十五年（1597），中郎在杭州作〈湖上雜記〉說：「浪跡四閱月。過西湖凡三次……湖上住昭慶五宿，法相、天竺各一宿……」（《錢校》，卷 10，頁 438）可知湖上是指西湖臨近地區，湖上諸作則記西湖遊所見所感。

後，渾化自在的超越，基於一種顛覆的快感，才是更主要的因素。

顛覆的快感，結合對當代文學剽竊、模擬惡習——一個八寸三分帽子，人人戴得的檢討，他提出兩個重要的文學觀念——重趣與知變。〈敘陳正甫會心集〉倡言「趣」的意旨：

> 世人所難得者唯趣。趣如山上之色，水中之味，花中之光，女中之態，雖善者不能下一語，唯會心者知之……夫趣得之自然者深，得之學問者淺。當其爲童子也，不知有趣，然無往而非趣也。面無端容，目無定睛，口喃喃而欲語，足跳躍而不定。人生之至樂，眞無踰于此時者。孟子所謂不失赤子，老子所謂能嬰兒，蓋指此也。趣之正等正覺最上乘也。山林之人，無拘無縛，得自在度日，故雖不求趣而趣近之。愚不肖之近趣也，以無品也，品愈卑故所求愈下，或爲酒肉，或爲聲伎，率心而行，無所忌憚，自以爲絕望於世，故舉世非笑之不顧也，此又一趣也。迨夫年漸長，官漸高，品漸大，有身如梏，有心如棘，毛孔骨節俱爲聞見知識所縛，入理愈深，然其去趣愈遠矣。余友陳正甫，深於趣者也，故所述會心集若干卷，趣居其多，不然雖介若伯夷，高若嚴光，不錄也。（《錢校》，卷 10，頁 463-464）

「趣」用於文學批評，同時也用於人物品藻，是我國重人傳統的延續，「趣」的論述，則與宋嚴羽「興趣說」有密切關聯，而別有發揮：

> 夫詩有別材，非關書也；詩有別趣，非關理也。然非多讀書，多窮理，則不能極其至。所謂不涉理路，不落言筌者，上也。詩者，吟詠情性也。盛唐詩人惟在興趣，羚羊掛角，無迹可求，故其妙處透徹玲瓏，不可湊泊，如空中之音，相中之色，水中之月，鏡中之象，言有盡而意無窮。近代諸公乃作奇特解會，遂以文字爲詩，以議論爲詩。夫豈不工，終非古人之詩也。（《滄浪詩話・詩辨》，葉 3）

比較兩人對於「趣」的詮解，中郎說是「如山上之色，水中之味」等，嚴羽也採譬喻的筆法說明：「如空中之音，相中之色」云云，都暗示趣是得之言外，無迹可求。〔註 34〕不過後者的重點在強調「詩有別材、別趣」，「不涉理路，

〔註 34〕以「得之言外」論「趣」，是就二者共同處著眼，觀二人譬喻的方式，可見其中仍有分別。中郎以「山中之色，水中之味」爲喻，山、水與山色、水味是形神關係，所以，「趣」雖得之言外，但亦在語言結構之內，江進之《雪濤閣

不落言筌」，是一種曖昧、象徵的意象語言，絕不可以議論的方式寫就，前者則在強調作品中獨特的神情；嚴羽的論述在於提倡盛唐詩歌，貶抑宋代諸公的作品，中郎則意在顛覆當時步趨學舌、失卻性情的弊端，因此，嚴羽視作詩材之一的讀書、窮理，就被轉換爲束縛情性的聞見知識——代表當代種種的價值標籤。

「趣得之自然者深」，與解縛去粘的思考型態，是一致的，人擺落價值標籤，活出自我，才得「自然」，換句話說，自然就是「眞」，「趣」是——由性情之眞所具現的品味。「趣」的層次分爲兩種，第一種正等正覺最上乘，比之童子，不知有趣，然無往而非趣，「童子」象徵本來面目，「無往而非趣」則是一種當下即是的自在，一切理當如此，不須追求，既無目的而合於目的。第二種狂狷之趣，狂者激烈，率心而行，無所忌憚；狷者隱退，無拘無縛，與世無爭，各自成就一種自在，各有其眞，也都各有其趣。

從這個角度詮釋「趣」，是一種道家式的、純生命的、審美的觀照，與儒家道德的尺度無關，如此，生命的各種姿采，都如如呈現，作品自然更個性化。因此，「趣」同時用以品詩論人，除了繼續傳統觀念外，也孕含當代文學課題的思考。他說自己湖上諸作「去唐愈遠，愈自得意」，〈敘小修詩〉表明喜其疵處，因爲「即疵處亦多本色獨造語」（《錢校》，卷 4，頁 187）；以〈擘破玉〉〈打草竿〉爲「眞聲」，是明代詩文之萬一傳者（同前揭書，頁 188）；這些論斷雖然不免偏激，卻講求獨特的神情，標舉作品個性化的思考下，所作的表述。因此，他認爲好的作品，都是「獨抒性靈，不拘格套」（同前揭書，頁 187）。

生命的自在自得，率意而爲，是作品之「趣」的源頭活水，生命隨著世道因緣流轉，作品之趣必然也遷徙無常，由此衍生的文學發展與創作觀，就特別重視「變」的必要性：

> 世道既變，文亦因之，今之不必摹古者也，亦勢也。張左之賦，稍異揚、馬，至江淹、庾信諸人，抑又異矣。唐賦最明白簡易，至蘇子瞻直文耳，然賦體日變，賦心益工，古不可優。後不可劣。若使今日執筆，機軸尤爲不同。何也？人事物態，有時而更，鄉語方言，

集・陸符卿詩集引》，對此有明確的說明：「蓋詩有調有趣，調在詩之中，又在詩之外，非深於詩者不能辨。」（卷 8，葉 23）嚴羽「空中之音、相中之色」，則意在指涉一迷離惝恍、不可湊泊的境界，重點在於「言外」。

有時而易，事今日之事，則亦文今日之文而已矣。（《錢校．張進之尺牘》，卷 11，頁 515-516）

以賦體的流變爲例：司馬相如、揚雄作賦，以鋪采摛文爲能事，漢末張衡、晉初左思漸有改革，降至南北朝駢賦，唐代律賦，宋代文賦，題材、體製都產生極大變化，正格、變體的區別，不足以標識其中的優劣，「賦體日變，賦心益工」，創體固然可貴，因應時代變化而推陳出新，更是文學藝術不朽的保證。所以，作者必須把握的機軸，不是古人作品如何？而是今日之事如何？因此，人物事態、鄉語方言等世道變化的具體表徵，皆須仔細體察。

「趣」是從人的自由、靈動，獨一無二的性情之眞，指出文學的價值，「變」則從貫時性的思考，凸顯古體今制的各具心裁，知趣、能變的觀點，與七子的理論也可以是相容的，〔註 35〕但是趣與變的義界，結合背叛、顚覆的思想，就容易流於無往而非趣，矯揉造作以求趣，變亦流爲無所不變，破律壞度，刻意好奇以求新變，這和他「聊戲筆耳」的心態一致。

因此，代聖立言，爲古人優孟，飽受後人批評的八股文，〔註 36〕即爲標

〔註 35〕七子的學古之論，是爲反對臺閣體的嘽緩冗沓、徒作歌頌之言而發，企圖藉由「學古」，重建文類的典範，恢復詩歌抒情言志的特質，是以李夢陽說：「詩者非徒言者也」，（《空同子集．林公詩序》，卷 50，葉 5）何景明說：「其旨遠矣」（《大復集．明月篇序》，卷 14，葉 12），王士貞也認爲「才生思，思生調，調生格」「格即調之界」（《藝苑卮言》，卷 1，葉 9），都強調詩歌必緣情而發，因詞而定韻，如此，好詩必是有趣的，也必然能別出心裁，學古末流固然產生許多偏失，但不足以否定理論本具的主張。

〔註 36〕八股文受人詬病的理由有二，一混淆舉業的分際，明代制義以朱子爲宗，陸王一派後學，入科則奉朱註爲三尺法，如楊升庵在《升庵全集》中，不則批判時人學宋：「今世學者失之陋，惟從宋人，不知有漢唐前說也。」（卷 52，〈文字之衰〉條）卻指責舉子文「不根程朱，妄自穿鑿」，（同卷〈詞尚簡要〉條）中郎標舉陽明之學：「當代可掩前古者，獨陽明一派良知學問而已」（《錢校．又答梅客生尺牘》，卷 21，頁 738），言八股文則云：「夫紫陽註疏載在令甲，猶爰書之有律，禮例之有會典也」（《錢校．陝西鄉試錄序》，卷 54，頁 1530），態度皆如此，鄭禹梅《寒山雜錄．歷科詩義序》，指責這種現象：「世之坐井者，往往向時文中播弄唇舌，便自命爲講學。」陸稼書《魚堂日記》，更從根源處拈出：「此心便不可對聖賢」，蓋以舉業爲富貴本子，似聖賢之學而非。二、全段精神在時文用盡，戴田有《南山全集．三山存業序》說：「當明之初，以科目網羅天下之士。已而諸科皆罷，獨以時文相尚，而進士一途，遂成積重不反之勢。自其爲諸生，於天人性命、禮樂制度、經史百家，茫焉不知爲何事。」章實齋《文史通義外篇．答沈楓墀論學》也說：「僕年十五六時，猶聞老生儒自尊所業，至目通經服古，謂之雜學，古詩文詞謂之雜作，士不工四書文，不得爲通。」（參見《新編談藝錄四．詩樂離合，文體遞變條》，頁 353-359）

舉「獨抒性靈，不拘格套」的中郎特別推崇：

> ……天地間眞文澌滅殆盡，獨博士家言，猶有可取。其體無沿襲，其詞必極才之所至，其調年變而月不同，手眼各出，機軸亦異，二百年來，上之所以取士，與士子之伸其獨往者，僅有此文。（《錢校・諸大家時文序》，卷 4，頁 185）

所持的觀點就是新變，新立的文類沒有典範可以依循，作者可以擺脫牢籠，自出手眼，用當代語言，寫眼前事物，所以是士子傳述個人獨特見解的最佳文類。至於捨古文之散行、自由，而加上程式矩矱的制約，無視於自己的悟見，而揣摩考官之所好等等弊端，皆不作討論，這不是思想矛盾，而是相對於唐以詩取士，宋以古文舉才，明代士人可以馳騁之處就在時文，他本人也是時文好手，王一寧〈讀中郎時藝跋〉，譽爲「骨力蒼勁，言約旨深」（《錢校・諸大家時文序箋》，卷 4，頁 185），大概在新文類中，享受到許多玩弄語言的樂趣吧！

第四章　二度出仕後性命思想與文學觀念的再變

生命成長的關鍵，固然在於個體的自覺與否，而朋從往來、際遇得失，乃至政治、經濟、文化等歷史因緣，也都提供改絃易轍的契機。中郎於萬曆二十六年（1598）入都，四月補順天府教授，二十七年（1599）三月，升任國子監助教，二十八年（1600）三月，升禮部儀制清吏司主事，至二十九年（1601）歸隱柳浪、絕意仕進，這段期間一者官運亨通、事少心閒，再者飲酒烹茶、結社劇談賦詩，很有「快活」度日的機緣，但是他的思想、行爲卻轉趨內歛，這與他首度貼近政治核心，目睹爾虞我詐的人性演出，關係密切，究竟萬曆二十六年至二十八年政局如何？它如何衝擊解粘去縛後的狂放文士，逼使他從矯激的空談圓融無礙，迅疾的重新冷靜思考存在具體現實情境中的理、事問題，本章的觀察，就從這個角度開始。

第一節　萬曆中晚期政局

有明一代，盛衰之機在萬曆一朝，萬曆一朝又以張居正去世爲界，居正死於元輔任內，在位期間，權傾朝野，皇帝勵精圖治，頗有中興氣象，萬曆十年（1582）居正去世後，許多人挾舊怨以圖報復，攻訐者蠭起，藉由論辯居正功過的主題，朝廷上下展開激烈的政爭，由於處置不當，朝臣之間的關係更加複雜，陸續引發出爭國本、妖書案、梃擊案、紅紈案、吏部考察、東林黨議等等糾紛，君臣上下率多意氣矯激、相持不讓，天下元氣徒消耗於無用之地，終而導致帝國的崩潰。後之論史者，多歸咎於萬曆的荒怠、貪婪，繼任元輔的因循唯諾，逢迎上意，與文官集團的門戶之爭。孟森《明代史》，（詳第七章，頁 275-316），楊國禎、陳支平合著《明史新編》（詳第六章第四節，頁 276-302）都是從這個角度立論。

黃仁宇《萬曆十五年・自序》，則對此一論述有所不滿，提出「大歷史」的觀點：

> 大歷史與「小歷史」micro-history 不同，則是作者及讀者，不斤斤計較書中人物短時片面的賢愚得失。其重點在將這些事蹟與我們今日的處境互相印證。也不是只抓住一言一事，借題發揮，而應竭力將當日社會輪廓，儘量勾畫，庶幾不致因材料參差，造成偏激的印象……萬曆十五年，公元爲 1587 年，去鴉片戰爭，尚有兩個半世紀，可是其時以儀禮代替行政，以無可認眞的道德當作法律，是爲傳統政治的根蒂，在大歷史的眼光上講，已牽連明清；又因中央集權，財政無法核實，軍備只能以低級技術作一般準則，若從大歷史的角度檢討，即使相去二百五十三年，也不過大同小異。如果我們不把這些背景放在心上，一味責備琦善、耆英及道光帝，可謂過度重視小歷史，忽視事實的根源，脫離現實。（頁Ⅰ-III）

也就是說：討論明代亂亡的原因，若不能深察於歷史情境，羅列幾個故實，就妄下論斷，都只是自說自話，與當日社會狀況無關。萬曆由勤政愛民急轉直下成爲敗亡的罪魁，絕非僅是個人的荒怠，輔佐賢愚與否的問題，而是帝王政治「以儀禮代替行政，以無可認眞的道德當作法律」，過度凸顯人治，忽略民主法治精神所致，由於這個根源性的問題未能解決，類似的危機便一直在歷史中重演，鴉片戰爭前後，清朝政府顢頇無能的形象，不過再度暴露體制結構本質上的缺陷罷了。

明朝開國的制度，號稱損益百代，足與漢唐相配，繼起的清朝政府，仍沿用不廢，他們共同的特色，就是以「道德」作爲整個體制的精神支柱，而明代尤其雷厲風行，一切治國標準，都以「四書」爲據，《明史紀事本末》記載太祖立國初年之事：

> 至正二十六年（1366）六月命有司訪求古今書籍，因謂侍臣詹同等有曰：「每於宮中無事，輒取孔子之言觀之，如節用而愛人、使民以時，眞治國良規，孔子之言，誠萬世師也。」（卷 14，頁 247）

基於這種心態，他率先恭儉，並透過立法節制臣僚、百姓；科舉試士，專取四書五經命題；遍設學校，亦教以經制；皇太子要受傅於翰林院，登極之後要出席「經筵」講學，課程仍不出經史的範圍；〔註1〕違反律法者，不辨是非，動輒誅死籍沒……〔註2〕凡所制立，都試圖貫徹倫理道德，凝聚保民衛國的共識，奠立萬世不朽的根基。而弔詭的是道德必須是自證自明的，平常心是道，柴米油鹽是道，行住坐臥是道，禹、稷、顏回亦同道，道德實踐的第一原理就是權衡，不確定性，所以孔子是「聖之時者」，「極高明而道中庸」。政治講求的是秩序、儀式，制節謹度，納民軌物，天子是天命所在，君貴臣輕就是秩序，官吏牧養百姓，官貴民輕是秩序，權臣、小臣也各有位階，因此道德和政治結合，情況就複雜多了，儒者面對僵冷的體制結構，仍能以道德自持，深謀遠慮、有責任、有擔當，但稍一不慎，不知守經達變，則流為食古不化；至若文書胥吏，以個人利益為考量，活活潑潑的道德實踐，淪為一套固定的反應模式，以之沽名釣譽，以之舞文弄墨，以之文飾儀節，更以之傾軋異己，人人崇尚道德，而道德仁民愛物的本意，卻晦昧不明，這種道德異質化的危機，在以孔子信徒自居的明太祖開國之初，已露出癥兆，到了萬曆中期，因緣聚合，遂形成政局的動盪。

萬曆的改變，追根究柢是來自道德傷害，他沖齡即位，一個九歲的小孩，正是活蹦亂跳的時候，卻必須對各種繁文縟節謹守不失，他要適時穿著厚重的冠服、〔註3〕晨起早朝、祭拜天地、奉祀祖廟、慶祝元旦、接見外國使臣、檢校軍隊……每日行事，不是參加朝會、批答章奏，就是研讀聖賢經傳，被

〔註1〕經筵都在春秋兩季舉行，每月三次，每次由兩位講官擔任講授，左邊講官講授的是「四書」，右邊一位則講歷史，大抵發揮經傳要義，拈出歷史借鑒，援古證今，以供治國參考。（詳《大明會典》，卷52，頁1-5）

〔註2〕明初立法嚴峻，稍有不慎，輒遭不測，如《明史・刑法志》所載：「凡三誥所列，凌遲梟示種誅者無慮千百，棄市以下萬數，貴溪儒士夏伯啓叔姪，斷指不仕；蘇州人才姚潤、王謨，被徵不至，皆誅而籍其家。其寰中士夫不為君用之科，所由設也。」（卷94，頁488）徵召而不往也有悖道德，需要誅死籍沒，與劉備之三顧茅蘆，眞如天壤，此外洪武四大獄：胡惟庸以宰相謀叛被誅，藍玉恃功驕縱被戮，郭恒貪墨案，空印文書案，坐死者皆牽連數萬人，如此濫用刑法，無非要樹立道德的無上權威。

〔註3〕據《大明會典》所載：皇帝在最隆重的典禮上，使用的皇冠是「冕」，衣服則為飾有華麗刺繡的黑色上衣和黃下裳，靴襪則皆為紅色；其次，穿著全部紅色的皮弁服，帽子為瓜形圓盔；一般儀式上，則著黃色龍袍；不舉行儀式時，則是青色或黑色龍袍打扮。（詳卷60，頁1-31）

教導要恪遵祖宗遺訓、親賢、愛民、自奉儉約，稍有懈怠，並會遭到嚴厲的責備，〔註4〕如此呆板、嚴肅的生活，日復一日，一成不變，隨著歲月的增長，精力充沛的浪漫情懷，怎能不因爲壓抑、禁錮而心生怨懟？張居正去世以後，他所敬愛的集道德、智慧爲一身的元輔老師，私生活的另一個領域被攤開了，參核的人指責他欺君毒民、貪財納賄、賣官鬻爵、任用私人、放縱奴僕凌辱縉紳等等，〔註5〕年輕的皇帝發現自己被督責、告誡的禁忌——浮華奢靡、賞玩珠寶書畫、遊佚好色等，張先生都可以坦然爲之，於是情感、價值觀都陷入矛盾錯亂之中，從對居正去世後的處置，先是詔奪上柱國太師的封號，再奪謚號，最後籍沒其家，所受傷痛之深切可以想見，而最讓他憤怒的應是——原以爲普天之下最爲尊貴的男人，原來不過是臣僚體制結構中的一顆棋子，於是十年來的壓抑、苦悶，夾雜著被欺騙、玩弄的不悅，傾瀉而出，這就是他急轉直下成爲荒怠貪婪之主的關鍵因素。〔註6〕

他要找回帝王的尊嚴，爲自己而活，不再聽任別人的擺佈，在施政上便作了很大的改變：

一、積極聚歛財貨

他所以籍沒司禮太監馮保與居正兩家，除了宣示帝王威權之外，另一個重要原因便是可以增加財源，《明史・張居正傳》載及：

> 初帝所幸中官張誠，見惡馮保，斥於外，帝使密詗保及居正。至是誠復入，悉以兩人交結恣橫狀聞，且謂其寶藏踰天府。帝心動……謫保御居南京，盡籍其家，金銀珠寶萬計。帝疑居正多蓄，益心豔

〔註4〕《明史・張居正傳》載萬曆十七歲時犯錯之事：『帝初即位，馮保朝夕視起居，擁護提抱有力，小扞格即以聞慈聖，慈聖訓帝嚴，每切責之……乾清小璫孫海、客用等，導上遊戲，皆受幸，慈聖使保捕海用，杖而逐之……（居正）因勸帝：「戒遊宴以重起居，專精神以廣聖嗣，節賞賚以省浮費，卻珍玩以端好尚，親萬幾以明庶政，勤講學以資治理。」帝迫於太后，不得已皆報可……居正嘗纂古治亂事百餘條，繪圖以俗解之，使帝易曉，至是，復屬儒臣紀《太祖列聖寶訓實錄》，分類成書，凡四十，曰創業艱、曰勵精圖治、曰勤學、曰敬天、曰法祖、曰保民、曰謹祭祀、曰崇孝敬、曰端好尚、曰愼起居、曰戒遊佚……其辭多警切，請以經筵之暇進講。』（卷213，頁524-525）

〔註5〕參見《神宗實錄》頁2435、2436、2438、2440、2454、2460等。

〔註6〕據說同一時期，萬曆曾在宮廷內觀看戲班演出《華岳賜環記》，當劇中國君慨嘆《左傳》語一政由寧氏，祭則寡人，近侍發現他神色相當凝重。（詳《酌中志・內府衙門職掌》，卷16，頁325），堪爲此說印證。

之……御史羊可立，復追論居正罪，指居正搆遼庶人憲㸅獄，庶人妃因上疏辯冤，且曰：「庶人金寶萬計，悉入居正。」帝命司禮張誠及侍郎丘瞬，偕錦衣指揮、給事中，籍居正家。（卷 213，頁 526）

可見當時搆陷馮保、居正之罪，道德、職責的是非並不須深究，唯言「多蓄」最讓他砰然心動。在他心目中，財富也是權勢、尊嚴的象徵，宮殿修繕、內廷織造、皇親貴戚的封賞……皆非錢莫辦，內帑不敷支應，於是搜括戶、工二部庫藏，扣留軍國之需，並轉向民間搜刮，除加派田賦外，〔註 7〕萬曆二十四年起（1596），更派出許多中官，擔任礦監、稅監，巧立名目徵課各種稅收，大璫小監絡繹於途，收稅之餘，大肆掠奪財物、奸淫婦女，正所謂「礦不必穴，而稅不必商，民間丘隴阡陌皆礦也，官吏農工皆入稅之人也」（《明史・因大益傳》，卷 237，頁 33），吸髓飲血，天下生靈備受塗炭之苦，各地民變不斷，〔註 8〕但他仍只知財利多寡，不問黎元死生，終其一生不郊不廟不朝者三十年，置國事不問，惟倚礦監、稅使四出聚斂，流毒天下，至四十八年（1620）崩殂，皇太子才遵遺詔盡罷天下礦稅。

事實上，內庫積藏如山，只是他吝於支出，御史張銓就曾上疏：

……陛下內廷積金如山，以有用之物，置無用之地，與瓦礫糞土何異？乃發帑則叫閽不應，加派則朝奏夕可，臣殊不得其解。（《明史・

〔註 7〕明代加派田賦，始於嘉靖二十九年（1549）俺答侵犯京師，增兵設戍，故加課餉稅，此後京邊歲用日增，遂變本加利，虛設各種名目斂財，「題增派，括贓贖，算稅契，折民壯、提編、均徭、推廣事例興焉」（《明史・食貨二》，卷 78，頁 239）萬曆中期以後，加派更爲頻繁，據顧炎武《天下郡國利病書・浙江二十二》所載：萬曆二十年（1592）沿海一帶「因島夷之亂……議及派餉，田畝地山，每畝加銀一厘五毫二十一年（1593）復加一厘五毫共爲三厘」（卷 118，頁 10474）以遼東戰事爲例，據《明實錄》所載：萬曆四十六年（1618）議定加派田賦遼餉，「自貴州外，畝增銀三厘五毫」（卷 574，頁 10861-10865），四十七年（1619）又議定每畝再加派銀三厘（卷 589，頁 11288-11289），四十八年（1620）復增派二厘，先後調增三次（卷 592，頁 11357）。

〔註 8〕自萬曆二十七年起，（1599）反對礦監、稅使的民變，就相繼發生，如：二十七年荆襄人民反湖廣稅監陳奉，山東臨清人民反稅監馬堂。二十八年（1600）武昌、漢口、黃州、襄陽等變經十起，反抗稅監陳奉；蔚州民變，礦工打死礦監王虎；廣東新會民變，斥責市舶太監李鳳，差官陳保。二十九年（1601）蘇州民變，抗議稅監孫隆搜括。三十年（1602）蘇、松、常、鎮機戶激變；江西景德鎮民變，反對礦監潘相。三十一年（1603）南京供應機房織匠罷工。四十二年（1614）福建反稅監高寀。四十四年（1616）昆山士民合圻稅棍周玄暐父子；松江百姓抄掠董其昌等等（參見《明史新編》，頁 299-301）。

張銓傳》，卷 291，頁 32-33）

張銓係因遼東事增賦而發，在此之前，他的好貨流言，已傳播於朝廷中，這種戀物情結，決非天性好貨，而是一種替代性的補償心理，對於一個被矇騙、擺佈、缺乏安全感的寂寞心靈，積聚財富是在構築自我防衛的保壘，從中可以取得顛覆的快感，證明自己已然擺脫棋子的命運，同時也昭告臣僚：普天之下，唯我獨尊。

二、處理政事但憑好惡

帝王政治體制下，道德倫常是判斷獎懲、功過的唯一依據，萬曆曾經被納入體制內嚴格監控；中期以後，一切行逕都小心翼翼，避免重蹈覆轍。因此，發展出一套獨特處理章奏的方式，凡事不再端著祖訓，惦著社稷家國，而從個人私情出發，例如：居正使他的心靈受到嚴重的創傷，人亡政息，反張的人馬開始展開攻勢，他則順水推舟，站在反張的陣營，黜退居正所引用的人，因觸犯居正獲罪的官員大多得到起復，這就鼓勵攻擊者更加賣力演出，原因無他——中帝積忌之故。

萬曆以礦稅啓亡國之釁，論者以爲他寵信宦官，事實上也並非如此，《明史・陳矩傳》指出：

> 自馮保、張誠、張鯨相繼獲罪，其黨有所懲不敢大肆，帝亦惡其黨盛，有缺多不補，用事者寥寥，東廠獄中，至生青草……惟西方採榷者，帝實縱之，故貪殘肆虐，民心憤怨，尋致禍亂。（卷 305，頁 291）

基本上，他對政治體制中每一成員，都是猜疑的，宦官也不例外，所以「惡其黨盛，有缺多不補」，而網開一面曲加維護，終極目的則在歛取財貨，滿足自己的慾望。

幾任元輔申時行、王錫爵、沈一貫等，都是深諳君臣相處的技術，絕非犯顏直諫之人，在立國本的爭論中，三人皆婉轉調護，頗能替萬曆緩頰，時行、錫爵皆因此激怒廷臣，以致錫爵聲名大落，時行自行乞歸，〔註 9〕而肆口

〔註 9〕錫爵事發於萬曆二十一年（1593），他上疏請皇帝依諾冊立東宮，萬曆以「皇后年少，倘復有出」爲藉口，同意三皇子並封，冊立事則俟諸他日，錫爵宛言相勸後，二案並擬以供上採擇，萬曆則以三王並封案爲諭，廷臣譁然，交相叱責。申時行事在十九年冬（1591），因萬曆曾經承諾，若廷臣不加騷擾，二十一年則行冊立，時行屢與同官相約，靜待一年，期限將屆，工部

批評的人則多被貶黜奪職，為了應付這些聒噪惱人的言論，常用「留中」不報的方式處理章奏，也就是「吃案」佯裝不知，孟森《明代史》綜括他這類荒誕的行徑：

> 十四年（1586）……時以旱霾求直言，郎官劉復初、李懋檜等，顯侵貴妃，時行請帝下詔，令諸曹建言，止及所司職掌，聽其長擇而獻之，不得專達，帝甚悅之，於是言者蠭起，皆指斥宮闈，攻擊執政。帝概置不問。（頁288）

> 十六年十二月，杖給事中李沂于廷，斥為民。中官張鯨掌東廠，橫肆無憚……上疏曰：……流傳鯨廣獻金寶，多方請乞，陛下猶豫未忍斷決，中外臣民未肯信，以為陛下富有四海，豈愛金寶？威如雷霆，豈循請乞？及見明旨，許鯨策勵供事，外議藉藉，遂謂為真，虧損聖德，夫豈淺鮮，且鯨奸謀遂，而國家之禍，將從此始，臣所大懼也，是日，給事唐堯欽亦具疏諫，帝獨手沂疏震怒，謂沂欲為馮保、居正報讐，立下詔獄嚴鞫，時行乞宥不從，讞上，詔廷杖六十斥為民……給事中薛三才等，抗章論救，俱不報。（頁289）

這就是他的辦事態度，迎合己意則喜，心有未遂，則消極性的罷工——留中不報，若涉「謗誣君文」，動輒廷杖、削職，臨御天下，但知私情，不知公理，言者訩訩，而弊端積累如山。他自己逃避道德，卻要求廷臣恪守道德倫理；君主昏庸頑劣如此，體制在風雨搖盪中，仍然運轉不停，這也是道德的力量。

萬曆的改變，很快的就被朝臣發現，於是演出一幕幕人性的變態，他們為了保障個人的利益、安全，或者也懷抱著經世濟民的儒家理想，為取得發言權，主導時局，紛紛聯結朋黨，鄉親一黨，座主門生一黨，同年又一黨，志趣相投也成黨，浙黨、魯黨、東林黨等於焉形成，倖進者藉機謀取政治利益；耿介者治亂圖存意切，往往流於道德激情；一二老成者，居間調停卻遭致誹議。當年論居正奪情削職的鄒元標，天啓初年復出，務為和易，因此遭致同黨的批評：

> 元標笑曰：「大臣與言官異，風裁踔絕，言官事也；大臣非大利害，

主事張有德，請備東宮儀仗，次輔許國怕被小臣搶了風光，倉促上疏，並列具時行之名於首，時行恐躁進害事，復上密揭，言明自己並不知情，密疏暴光，廷臣責其「迎合上意以固位」，言者並遭降罪懲處，時行乃自請罷歸，其事延宕至次年十一月乃止。（詳《明史紀事本末・爭國本》，卷67，頁824-828）

即當護持國體，可如少年悻動耶？」時朋黨方盛，元標心惡之，思矯其弊，故其所薦引不專一途，嘗欲舉用李三才，因言路不與，元標即中止，王德完譏其首鼠，元標亦不較。（《明史・鄒元標傳》，卷243，頁123）

王德完亦以耿直著稱，曾上疏皇帝眷顧皇太子生母——恭妃，被廷杖削奪，他對東林黨三君之一——鄒元標想要矯正惡習，都「譏其首鼠」以爲晚節不保，可以看出朋黨的論爭，壁壘分明，人人以清流自許，朝廷清流卻迭遭挫敗，朋黨之禍就可想見了。《明史・崔景榮傳》贊云：

方東林勢盛，羅天下清流。士有落然自異者，詬誶隨之矣：攻東林者，幸其近己也而援以爲重，於是中立者，不免蒙小人之玷。核人品者，乃專以與東林厚薄爲輕重，豈篤論哉！（卷256，頁329）

東林號稱正義之聲，以道德、清流自居，猶不免黨同伐異，誅除異己，道德、人品的評比，就必須更縝密的觀察了。萬曆早已看清臣僚的道德包裝，章奏留中也是他對沽名賣直的反彈吧！

朝廷上下這種詭異的人事糾葛，大抵環繞著兩個主軸展開：一是爭國本先是皇帝寵愛貴妃，想立貴妃子常洵爲太子，朝臣則援用「祖訓」長幼有序之說，想逼使他冊立恭妃子常洛，此事前後遷延十五年，〔註10〕整個階段原是文吏集團與皇帝的對抗，文吏爭道德、利益，皇帝爭威權、尊嚴，朝臣們意見大抵一致，只是諫諍的態度有所差異。

萬曆二十六年（1598），角力結構改變，反而淪爲整肅異己的場面，「妖書案」的發生便是如此：

二十六年五月……先是庚寅山西按察使坤輯《閨範圖誌》，鄭國泰（鄭貴妃兄）重刻之，增刊后妃，首漢明德皇后，終鄭貴妃。科臣戴士衡指其書上言：謂呂坤逢迎掖庭菀枯之形已分。語侵貴妃。樊玉衡前疏皇長子冊立中，亦有「皇上不慈，皇長子不孝，皇貴妃不智」等語，貴妃聞之，泣訴於上，會有援引歷代嫡庶廢立之事著爲一書，內刺張養蒙、劉道亨、魏允貞、鄭承恩（鄭貴妃姪）、鄧光

〔註10〕萬曆十四年（1586），皇長子常洛五歲，皇三子常洵一歲，輔臣申時行等上疏：早建太子，以尊宗廟、重社稷，此後上疏者不斷，糾結橫生至二十九年（1601），沈一貫引《詩經》〈既醉之篇〉及〈斯干之篇〉語，委婉進言，說動萬曆，乃於十月十五冊立，前後擾嚷十五年，但事情仍未了結，紛爭不斷。（詳《明史紀事本末・爭國本》，卷67，頁824-835）

祚、洪其道、程紹、白所知、薛亨、呂坤等，名曰〈憂危竑議〉者，戚黨疑其書出士衡手，張位教之。鄭承恩遂上疏力辯，并奏士衡假造僞書中傷善類，日爲二衡，以激聖怒，欲併殺張位；上怒甚，二臣謫戍。六月御史趙之翰以〈憂危竑議〉爲戴士衡僞造；主於張位；預謀者徐作、劉楚先、劉應秋、楊廷蘭、萬建崑也。中旨：禮部右侍郎劉楚先、都察院右都御史徐作罷，國子祭酒劉應秋降調吏科，左給事楊廷蘭、禮部主事萬建崑俱謫典使，張位先以密薦楊鎬東征失利罷去，命值赦不宥。(《明史紀事本末・爭國本》，卷 67，頁 829)

〔註 11〕

〈憂危竑義〉是《閨範圖說》的跋語，何人所作始終是個謎，但在朋黨的角力下，卻成了攻擊對手的利器。戴士衡認爲是替立貴妃子張勢，將爭國本的矛頭指向文吏集團的成員——呂坤，將他視成戚黨；戚黨反擊，反誣指是士衡等僞造，藉以「中傷善類」，御史趙之翰顯然依附戚黨，藉機整肅異己，皇帝亦偏袒戚黨，於是草率修理一批文官，其中只有意氣，沒有是非。五年後，萬曆三十一年（1603），第二波「妖書」——三百餘言的〈續憂危竑議〉出現，朝臣反應模式如出一轍，浙派領袖沈一貫及其黨羽，藉機構陷親東林黨的沈鯉、郭正域等，株連多人，而作者何人？何爲而作？始終不得其詳。〔註 12〕

另一個爭論的主軸是官吏考察，明代的考察制度，據《明史・職官志》記載：凡內外官三年初考，六年再考，京官六年一察，是吏部銓敘、黜陟的依據（詳卷 72，頁 142-143），雖然行之有年，不過也是虛應故事，文秉《文陵註紀略・癸巳大計》，記載當時的情形是：

往例凡內外大計必先稟明政府，謂之請教，所愛者雖不肖必留，所憎者雖賢必去，成故事久矣。（卷 3，頁 161）

可見萬曆二十一年（1593），癸巳大計前，吏部只是檯面上的負責部門，實際

〔註 11〕此事另詳《明史・鄭貴妃傳》（卷 114，頁 22）、文秉《先撥志始》（卷上，頁 105-117）其敘〈憂危竑議〉一跋內容，大致謂李坤書「首載漢明德馬后由宮人進位中宮，意以指妃，而妃之刊刻，實藉此爲立己子之據，其文托朱東吉爲問答，東吉東朝也，其名憂危，以坤曾有〈憂危〉一疏，因借其名以諷，蓋言妖也。」

〔註 12〕事詳《明史紀事本末・爭國本》（卷 67，頁 830-835）、《明史・郭正域傳》（卷 226，頁 719-722）、《明史・沉鯉傳》（卷 217，頁 578-580），此波妖書案，最後以一無賴書生皦生光結案，以杜眾口，眞實作者，或疑爲武英殿中書舍人趙士禎。

操黜陟大權的仍是內閣。

但癸巳大計主事者吏部尚書孫鑨、考功郎中趙南星、考功主事顧憲成等，銳意改革吏治，力杜請謁，被黜者大半爲內閣私人，造成吏部與內閣絕裂：

> 會大計京朝官，鑨與考功郎中趙南星力杜請謁，員外郎呂允昌，鑨甥也，首斥之；南星亦斥其姻給事中王三餘，一時公論所不予者貶斥殆盡，而大學士趙志皐弟預焉。王錫爵以首輔還朝，欲有所庇，比至而察疏已上，庇者皆在黜中，由是閣臣皆憾。會言官論核員外郎虞淳熙、郎中楊于廷、主事袁黃，鑨議留淳熙、于廷；給事中劉道隆遂劾南星專權植黨，貶南星三秩，鑨亦奪俸，遂連署乞休；左都御史李世達，以己同掌察，上爲南星訟，不聽，於是僉都御史王汝訓、右通政魏允貞、大理少卿曾乾亨、郎中于孔兼、員外郎陳泰來、主事顧允成、張納陛、薛敷教等交章論救……疏，上怒，謫孔兼、泰來等，世達又抗疏論救。上怒，盡斥南星、淳熙、于廷、黃爲民，鑨乃上疏，請骸骨，不允，遂杜門稱疾，疏至十上，乃許乘傳歸。(《明通鑑》，卷 70，頁 2738)

此事表面是對考察公平性的質疑，事實上是內閣與吏部、都察院爭權、內閣以王錫爵、趙志皐爲首，吏部既未援例請教，又裁退內閣私人，引起內閣不悅，俟機反制，劉道隆之劾南星專權植黨，也不是克盡言責，而是聲援內閣，結果考功事竣，孫鑨等成功黜退一幫不肖之徒，但內閣事後的反撲，卻又牽連許多清流，如親家翻臉絕婚的芝麻小事，也成爲攻擊對手的口實。〔註 13〕

萬曆一向最煩科道多言，顯然也看穿了臣僚們沽名賣直的技倆，先是出頭者各修理一頓，最後乃沈痛的呼籲：「時事艱難，不求理財、足兵、實政，乃誣造是非；部院公論所出，今後務持平覈實」(《明史紀事本末・爭國本》，卷 66，頁 802)，但也因爲他這種不理性客觀解決問題的態度，負面的助長了朋黨的氣焰。此後內外大計，經常糾紛不斷，二十三年（1595）乙未的大計外吏、三十三年（1605）乙巳、三十九年（1611）、四十五年（1617）丁巳大

〔註 13〕萬曆二十一年（1593），孫鑨罷官後，爭端仍然不止，吏部右侍郎趙用賢，接著遭到抨擊：「先是用賢爲檢討，生女三月，中書舍人吳之佳約以幣，及用賢諫張居正奪情削籍，之佳爲御史，過吳門，用賢往餞，不爲禮，因反幣，終字女蔣氏，之佳子鎮亦他娶不相及也。用賢負氣節，素不爲王錫爵所善，鎮訟之，罷用賢，之佳亦降。」戶部郎中楊應宿認爲用賢絕婚非是，行人高攀龍申救，雙方爭執復起。(詳《明史記事本末・東林黨議》，卷 66，頁 80)

計京官，積怨尤深。

綜觀萬曆中期以後政局的紛擾，固然是歷史情勢的因緣際會，積弊的形成，則源自體制設計對道德的過度依賴，體制內道德的儀式化，其實也是儒學異質化的表徵。因爲人性固然尊嚴，獨具有道德的自覺性與能動性，而人必竟也留存著無始以來凶殘、貪婪等非理性的雜質；政治是管理眾人之事，涵蓋生養、教化等諸多問題，其中有歷史判斷，有道德判斷，不正視人存在整體情境的事實，但憑儀式化、神聖化的道德，御使天下，君臣上下交相征利，虛文粉飾以治國，國君悖離勤政愛民、禮賢納諫的聖王理想，儒生喪失高瞻遠矚、開濟天下的道德承擔與歷史智慧，即使從體制出走、游離而爲民間學院講學，才學、道德不過是攫取利益、舞文弄墨的工具。而當時邊釁四起，寧夏哱拜、韃靼、播州宣慰使楊應龍，相繼造反，遼東有土蠻侵犯，朝鮮軍事又多年不斷……深謀遠識者怎能不憂心忡忡呢？

第二節　中郎思想的內斂發展

對於紛擾的時勢，中郎的感受特別深刻，萬曆二十六年（1598，）他自眞州入京途中，擬古樂府〈猛虎行〉則已揭露礦稅之害：

> 甲蟲蠹太平，搜利及丘空。板卒附中官，鑽簇如蜂蛹。撫按不敢問，州縣被訶斥。槌掠及平人，千里旱沙赤。兵衛與邸傳，供億不知幾。即使沙沙金，官支已倍蓰。礦徒多劇盜，嗜利深無底，一不酬所欲，忿決如狼豕。三河及兩浙，在在竭膏髓。焉知疥癬憂，不延爲瘡痏。（《錢校》，卷 13，頁 581）

礦使橫行、濫作威福，遽令地方官員束手聽命，任其耗費公帑，剝削百姓，礦稅始於萬曆二十四年至二十六年（1596-1598），才短短兩年，中郎已有遠慮——焉知疥癬憂，不延爲瘡痏，預見礦稅政策蠹蝕國本的危機；京師任職，貼政治核心，資訊暢通，感觸自然更深一層。

這個階段的著作——《瓶花齋集》，直接批評時局的意見很少，較具體的只有兩項，一爲對中官礦使擅權肆虐的不滿，如：

> 今時詢而立當上者，多中官礦使，其所誅求，能必行于民；而其論奏，能必行于吏。逢其喜，則人疑其品；逢其怒，則又有不可言者。非如從文字得官者，可以理諭而情格也。（《錢校．送榆次令張元漢

考績序》，卷 18，頁 705）

今中人之虎而冠者，纍纍而出，而郡邑守令之逮問者，方纍纍而進也。言官文章爭之不得矣，九卿爭之；九卿爭之不得矣，宰相爭之；宰相爭之又不得矣，勳戚大臣皆爭之。爭者愈力，持者愈堅……（《錢校・送京兆諸君陞刑部員外郎序》，卷 18，頁 708）

〈猛虎行〉重在揭露礦使的經濟剝削，此二則更擴大寫中官的威權，他們立而當上，不可以理諭而情格，若有得罪，往往羅織訐奏，妄興文網，朝臣唯仰天太息而已。

另一件爲對整體政局的感慨：

近日事體，大約如人家方有大盜，而其妻妾尚在房中爭床第間事；又如隔壁人告狀，而我賣田鬻子爲之伸理，至於產盡力竭而猶不止，抑亦可笑之甚矣。（《錢校・答梅克生》，卷 21，頁 748）

此信寫於萬曆二十六年（1598），當時遼東、朝鮮用兵，而朝廷內政爭不斷（詳本章第一節），所以比如「家有大盜」云云；再者他對朝鮮用兵，也不以爲然，大概認爲那是日本、朝鮮兩個的問題，與遼東軍事主權被侵犯的情況，不可同日而語，因此反對派兵援朝。

這兩點意見，事實上已揭露萬曆中期以後政局的危機（詳本章第一節），而他的師友中，也有被捲入是非漩渦的，如：黃大節以上疏請立國本事被貶；劉爲楫因吏科、吏部互訐，以吏科都給事中降遼東苑寺主簿；張鶴鳴力陳礦使擾民，遷南京兵部主事；江進之舉爲吏部主事，因流言改爲大理寺丞；座師焦竑因才高見嫉，以鄉試主考被借罷黜等。

因此，字裡行間常流露著「不測」的恐懼，萬曆二十六年（1598），才補順天府教授，即自我提醒——「詞書雖冷秩，亦復愼風波」（《錢校・入燕初遇伯兄述近事，偶題》，卷 13，頁 588）、「物忌太鮮明，能保不風雨」（《錢校・夜深同伯修月下觀梨花》，卷 13，頁 589）、「時事不堪書，下筆每驚悸」（〈戊戌除夕〉，卷 14，頁 622），如此戒愼警惕的情緒，一直延續到萬曆二十八年九月（1600），宗道去世，他在〈答黃無淨祠部〉信中，尚有「今時作官，遭橫口橫事者甚多，安知獨不到我等也？」（卷 22，頁 793）正可看出時局給他罩上的陰影，是多麼濃密晦暗。

當時，宗道爲皇長子常洛講官，立國本一事爲朝廷政爭的焦點，身爲皇長子講官，處境相當艱難，並且體魄未充，課務繁重，〔註 14〕稍有不慎，便易遭誣妄。因此，中郎不免爲兄長擔憂，他闡述宗道題名「抱甕亭」的用意說：

> 時伯修方在講筵，先雞而入，每下直之時，眼中芒生。稍一假寐，而中書催講章者又已在門。頭膠枕上，欲起不得，兒童以熱水拭面，得醒，看書如在霧中，嘗自笑以爲不若青泉、白石者之能有此圃也。宏初入亭甚適，既見兄勞頓，心竊苦，已而愀然曰：「此余師焦先生之舊居也。」當余初第時，攝衣屏息，傴僂門屏下，與諸弟子問業于此者，不知其幾。屐之跡，猶在門限，卷帙未燥，而先生已爲遷客。羊腸路險，吾末如何？蓋宏返覆于此，而知伯修之寄意深、詞旨遠也，伯修殆將歸矣。（《錢校‧抱甕亭記》，卷 17，頁 684）

中郎的憂慮包括幾個方面，一是健康的問題——見兄勞頓，心竊苦；二是政治迫害——羊腸路險，吾末如何的無奈；由此自然萌生抱甕注水、蒔花種草的隱退思想。

此文作於萬曆二十七年（1599），篇中並爲座師焦竑的際遇感漢，焦竑萬曆二十五年首度被放外任（1597），官方說法是鄉試主考不公，事實上也是政治傾軋，沈德符《萬曆野獲編‧科場》載及此事：

> 丁酉（自按：萬曆二十五年，1597），順天二主考，獨焦漪園（竑）被議，攻惟二三科臣，皆次揆張新建客也。焦以進《養正圖記》爲新建所痛恨，而郭明龍以宮寮爲皇長子講官，亦深嫉之。焦既出闈，即以所撰《圖說》，具疏呈御覽，其時禍本已成矣……焦亦調外任，蓋物情惟欲焦早離青宮講筵足矣，其節固無影響，即指摘文體亦借多名耳。（〈鄉試借題攻擊〉條，卷 15，頁 3566-3567）

焦竑無過，才學爲罪，同樣任職館閣的宗道，那能永保置身事外呢？政爭不斷，理想與現實如何融合？一向有「卓傑英特」之名的中郎又該如何自處呢？

這其中的思考，已非一己昆仲私情，而是當代知識分子，在儒家價值系統下，如何自處的問題。孔子說：「天下有道則見，無道則隱」（《論語‧泰伯》）

〔註 14〕據中道《珂雪齋集‧石浦先生傳》所敘，宗道英年早逝，與當時職務關係密切：「是時，東宮未立，中外每有煩言。先生聞之，私泣於室，體經病後，遂不堪勞。自丁酉（萬曆二十五年，1597）充東宮講官，雞鳴而入，寒暑不輟。庚子（萬曆二十八年，1600）秋偶有微恙，強起入直，風色甚厲，歸而病始甚。明日，復力疾入講，竟以憊極而卒。」（卷 17，頁 170）

「用之則行，舍之則藏」，(《論語・述而》)、「邦有道，不廢；邦無道，免於刑戮」(《論語・公治長》)，個人出處總繫於時局治亂安危、有道與否，中郎對於時局可爲與否的判定，則加入健康、才情等因素的考量，立足點機動調整，結論也相當開放。因此，他期盼宗道退隱，卻鼓勵當時翰林院編修顧天埈以其豪傑用世：

> ……可用不可用，其幾甚微，非至聖大賢，不能測識，天下方倒懸危迫，家操戈而人盜賊，此其時不可用矣，而豪傑之士曰：「可用！」……天下之大患，莫大于使豪傑不樂爲用，而蔽賢爲小。夫豪傑所以不樂爲用者，非眞世不我容，一時執政諸大臣，有杞、檜之奸、林甫、嵩之娼嫉也。其人固方正儒者也，朝而聞吾言，亦既虛心而聽矣；夕而一人焉，設爲虛談以中之，彼其是吾言，猶是彼也……其知足以知天下假氣魄、僞節義，而不能別天下之眞丈夫。漢、唐、宋末季，所謂賢人君子者，其目大抵若是也。其劫不至于僞士滿朝，腐儒誤國不已。豪傑之士孰肯樂爲之用者？夫豪傑非不樂用者也，唯夫欲盡其用而不可得，故不樂也。時事至此，尚安忍復言？(《錢校・顧升伯太史別敘》，卷 18，頁 704-705)

顧天埈的確是有心人，到了萬曆三十八年（1610）就收召門徒，干預時政，被稱爲崑黨（詳《明史・孫丕揚傳》，卷 224，頁 692）萬曆二十七年（1599），中郎爲他分析時局，認爲「僞士滿朝、腐儒誤國」，「天下方倒懸危迫，家操戈而人盜賊」，正是豪傑用世者大展身手的好時機。

不過國事如此，他自己又當如可自處呢？「僞士滿朝、腐儒誤國」，顯然他已看透政爭的癥結，在於道德的儀式化、神聖化，導致理想與現實的決裂，固執理想者不能開濟天下，名利之徒復得以逞其私欲，兩惡相濟，國家元氣焉能不耗竭殆盡？作爲一個政治邊緣人，政爭看似很遠，又隨時會招惹上身；政治決策雖非職責所在，卻會觸動知識分子胸中的秤桿；朝臣黜陟事不干己，又不免代人憂喜；一心追求快活，卻在政治漩滑中流轉不定……凡此在在衝擊他，使他陷於矛盾猶豫之中，而所藉以安頓生命的禪學，在此緊要之際，卻絲毫著不上力，於是他重新檢視自己的生命，思考禪學在宗教修行的位階。

思想的轉變，在萬曆二十五年（1597）作吳越游後，已初露端倪，這個階段的作品——《廣陵集》，〔註 15〕文字較《解脫集》整歛，並且留下若干心

〔註 15〕《廣陵集》首篇〈喜小修至〉有「疋馬西風客」之語，知其時爲秋天，卷末

境的見證：

〈冬盡偶成〉

青霜一寸冰皮老，凍楚荒荒落飢鳥，老去慚看日脚忙，冬來怕見曆頭少。客裏關心遼左書，夢中失路京華道。宦心灰盡復如何？大都也似霜前草。(《錢校》，卷 12，頁 545)

〈丁酉十二月初六初度〉其四

天涯隨處是生緣，闊帽寬衫似老年，算馬與人三十口，賣奴及宅五千錢。一心槁木寒灰去，幾度披書抱酒眠，古佛閣前溫炕裏，拽將紅袖夜談禪。(《錢校》，卷 12，頁 548)

〈其五〉

雪霽寒江饌得魚，北風香墮蠟梅初。身閒白髮顚先黑，病後烏紗夢亦疏。薄宦古人雙屈指，家鄉經歲兩番書。百年碌碌渾如此，檢點從前事事虛。(同前揭文)

表面看來，他此時無官一身輕，「身閒白髮顚先黑」，興致好的時候，還可以「拽將紅袖夜談禪」，何等逍遙自適？事實上，傳統士人功名用世的價值觀念，仍然縈繞不去，所以「客裏關心遼左書，夢中失路京華道」，人在江湖，而魏闕之思恰如春草，雖有霜雪的摧殘，猶能生機蓬勃；何況他食指浩繁——算馬與人三十口，家計艱難，不得已必須賣掉奴僕、屋宅幫湊度日，現實生活壓力接踵而至，使他對由顚覆而來的解脫之樂，有不同的評價——百年碌碌渾如此，檢點從前事事虛。

這個微妙的變化，加上萬曆二十六年（1598）赴京補官，接近政治核心後的種種衝擊，因緣聚合，成就他思想的轉型。而這個轉型是漸進的，大致可分爲兩個階段。第一個階段約當《廣莊》的寫作時期，《廣莊》作於萬曆二十六年冬，自《廣陵集》的沈潛開始，這段期間應在萬曆二十五年至二十六年（1597-1598），前此則爲《錦帆集》、《解脫集》時期，以顚覆、解放等對立性思考爲取向的階段。

比較不同時期的生日之作，就可以觀察他心境的轉換：

〈初度戲題〉

爲「丁酉除夕言懷作」，可見是中郎萬曆二十五年（1597），暫寓儀眞所作，全集皆爲詩稿。

碌碌復碌碌，浮生如轉轂。帝宏匝地羅，人窘彌天獄。墮地三十載，強半是顰蹙。算喜無十星，量愁有千斛。十五歲以前，師傅苦拘束，朝愁日上舂，暮愁書難讀。十五歲以後，龜手事場屋。儒巾才去頭，宦網又纏足。千眄得一官，萬眄得微祿，誰知徼五斗，妻子轉枵腹。顏色低上官，肝腸枯案牘。舉止動得過，憎恚苦相觸。月不十回圓，酒無三朝熟。來者不可知，去者不可贖。欲留色枯槁，欲歸心彳亍。一病覺昨非，萬仞逐黃鵠。勿以徑寸榮，易茲尋丈辱。(《錢校》，卷3，頁43)

〈戊戌初度〉〔註16〕

卑官自覺與心安，五畝無家去亦難。氈榻所親唯《老》《易》，儒衫相對幾孤寒，香茶每供鄰僧去，院樹時同小弟看。雪色照簾花颭水，濁尊聊復對空盤。(《錢校》，卷14，頁616)

〈其二〉

禪燈艷艷雪玻璃，貝典將來戒小妻，客裏羈情籠野鴿，鄉中春夢閱山雞，灰心竟日疏《莊子》，彈舌清晨誦《準提》，〔註17〕無限長林無限羽，一枝那復計高低。(同前揭文)

〈初度戲題〉作於萬曆二十四年(1596)，他二十九歲，才作了一年多的縣令，因為天池山訟案與上級意見不合，正上書請辭中(詳第三章第二節)，此時人生歷練尚淺，對於社會體制內的價值成規，一概予以否定，養成教育是拘束，科舉仕宦成枷鎖，唯有擺脫一切桎梏，如黃鵠之自由翱翔，人生才有眞樂。萬曆二十六年(1598)，作〈戊戌初度〉，同樣將逍遙自在視作生命的至境，不過已不是一昧的顛覆，為了家計，可以安於卑職——順天府教授；為求心靈的清淨，則疏《莊子》、誦《準提》，藉著功課自我約束，才相隔兩年，他的生命情調已由輕狂而轉趨內歛。

《廣莊》是疏《莊子》的結集，據他自己的解釋：「廣者推廣其意，自為

〔註16〕〈戊戌初度〉為七律詩組，計有四首，此但錄二首。

〔註17〕「準提」錢伯城標注有私名號，大概作為菩薩名，若此則指禪宗所尊之「天人丈夫觀音」，筆者以為「準提」作為早課誦念的對象，宜是經名，為《七俱胝佛母准提大明陀羅尼經》簡稱。「準提」之意，據《准提經》曰：「准字門者，於一切法是無等覺義。提字門者，於一切法是無取捨義。」(《佛學大辭典》，頁2305)與《廣莊》的旨義相合。

一《莊》，如左氏之《春秋》，《易經》之《太玄》也。」（《錢校・答李元善》，卷 23，頁 763）既是「推廣其意，自爲一《莊》」，其中就涵蓋兩層意義：一、莊子的人生境界是疏者所認同的。二、疏者有意作爲一種創造性的詮釋。中郎一生的嚮向，就在生命的安頓，逍遙自在就是安頓，莊子所標舉的生命境界正是他所期盼的；然而生命是整全的存在，記錄生命的語言，不過是提供懷想的憑藉，因此，每一個生命體驗的詮釋，或多或少都會不自覺的融入詮釋者主觀的色彩，若是自覺的「推廣其意，自爲一《莊》」，《莊子》如何就只是個假命題，我——疏者如何？才是寫作眞正的意圖所在。

《莊子》內篇七篇，《廣莊》亦爲七篇，篇目順序全襲用原典，文字風格則絕不相類，《莊子》圓融，《廣莊》則大發議論，不箋不注；圓融的背後有對道與生命的尊重、謙遜，議論則凸顯疏者說服、推銷的企圖，雖有繼承，但面目不同。大抵《莊子》七篇分爲三個部分，一爲本體論——以〈逍遙遊〉虛描道的生命境界，次爲工夫論——討論如何實現此一生命理想，〈養生主〉作工夫原則的提示，〈齊物論〉、〈人間世〉、〈德充符〉、〈大宗師〉則細論原則的落實與應用，最後爲功效論——以〈應帝王〉揭示生命負累消解後，人與萬物的新關係。〔註 18〕看似荒唐謬悠，實則義理精闢，結構清晰。

《廣莊》則一體平鋪，全從工夫論的角度，談生命負累的消解。〈逍遙遊〉的論述，即離不開這個範圍：

> 拘儒小士，乃欲以所常見常聞，闢天地之未曾見、未曾聞者，以定法縛天下後世之人。勒而爲書，文而成理，天下後世沈魅於五尺之中，炎炎寒寒，略無半罅可出頭處，一丘之貉，又惡足道！聖人知一己之情量，決不足以窮天地也，是故於一切物，無巨細見；於古今世，無延促見，於眾生相，無彼我見……正倒由我，順逆自彼，游戲根塵無罣礙，盡聖人者豈有三頭九臂，迥然出於人與蟲之外哉？惟能安人蟲之分，而不以一己之情量與大小爭，無往而不逍遙矣。
>
> （《錢校》，卷 23，頁 796）

生命的負累在於拘執定法，因此要達到逍遙的生命境界，要將自己置身於天地，擴大視域，就是從價值成規、類型區分中跳脫出來，「正倒由我，順逆自彼」，「不以一己之情量與大小爭。」

〈齊物論〉以「是非之衡，衡於六根」六根無常是非亦無常。〈養生主〉

〔註 18〕參考曾昭旭莊子課錄音帶。

強調生命的價值不在益生葆命，而是要「無安排無取必、無儌倖，任天而行，修身以俟」（同前揭書，頁801），〈人間世〉說：「古之聖人，能出世者，方能住世，我見不盡，而欲住世，辟如有人自縛其手，欲解彼縛，終不能得。」（同前揭書，頁805），〈德充符〉闡述人之所貴在於「覺明眞常」，「神不以箕之成壞爲己之存亡，則人亦不當以殼之有無爲心之憂喜。」（同前揭書，頁808），〈大宗師〉言若無識心分別，則「尙無生死可了，又焉有生死可趨避哉？」（同前揭書，頁 811），〈應帝王〉主張聖人法天而活，「覆智愚賢不肖，而因其自生自育」（同前揭書，頁813），反對以仁義、法律立教。

大抵不出〈逍遙遊〉的思惟邏輯——以對定法的顚覆，消解生命的外求追逐，返回本性清淨；首篇是原則總論，其下各篇爲分論，〈齊物論〉是要消解是非成見，〈養生主〉要破除益生葆命的觀念，揭示順應自然之旨，〈人間世〉談鬆懈人際關係的枷鎖，〈德充符〉論化解形體之累，〈大宗師〉言超越生死之累，〈應帝王〉主張聖王無爲而治，無非是在闡述：無我見、我執、我相，則得清淨、自在的一貫思想。

其中匯通三教之處頗多，論對待生死的智慧，則以孔子爲「人天導師」：

> ……孔學之爲生死，雖鉅儒大賢，未有能遽知者，嗟嗟！聖人之道，止於治世，即一修齊已足，而沾沾談性與天，窮極微眇，無迂曲之甚……我相盡即道，人相盡即教。教之一字，尤爲喫緊，位天育物，總是教體。心淨土淨，曰位；胎卵滅度，曰育。性如是故，非是強爲，爾我生死，了不可得。噫！金口未宣，木鐸先啓，涅槃妙路，實肇數仞，天人導師，非孔誰歸？（同前揭書，頁810）

「疏莊子」，而以中庸「致中和天地位焉，萬物育焉」的道德理想爲架構，融入佛家化度眾生的觀念，讚美孔子是人間修行的典範，這種兼容並蓄，任意拼湊、比附，毫不理會學術系統的匯通方式，隱藏著他汲汲想要解開的謎團——國是紛紜，文網繁密，讀儒書者要如何安頓自我？

「我相盡即道」「人相盡即教」就是他發現的答案，換句話說就是要顚覆、否定價值成規的負累，這次的顚覆與生命豁醒時不同，後者的特色是叛逆體制、驚世駭俗，有一股年少輕狂的傲氣；這時則是沈潛、內斂，顚覆的是我相未盡的自己，執意分別的識心，隱約間有一份對生命特殊的洞徹與糾纏。

不過顚覆去執，自我叛逆，著力在心念的扭轉，心念的扭轉仍然是悟解的活動，對於一個慧業文人，「悟解」不難，難的是如何安撫過度敏銳的感覺系統；並且生命轉趨內斂後，思考的角度逐漸寬闊、深沉，也能看出悟與行間複雜、詭譎的關係。因此，如何修行，方能有效的貫徹悟解的思考，成了第二階段思想開展的重要課題。

萬曆二十七年（1599）冬天，《西方合論》成書，就象徵此一階段思想的完成。然而新思想的醞釀，卻已早見端倪，萬曆二十六年（1598）冬，〈戊戌初度〉所載晨課誦經之事，與萬曆二十五年（1597）卸下吳令後，在杭州晤見淨土宗蓮池大師所述：「余性狂僻，多誑詩，貢高使氣，目無諸佛」的情狀（《錢校・記藥師殿》，卷 10，頁 465）已然差異頗大。

而「讀儒書者要如何自處」，又是當時知識份子共同的存在課題，中郎兄弟在北京崇國寺組織「葡萄社」，就聚合許多談禪論道的朋友，據小修〈石浦先生傳〉所記：「往來者爲潘尚寶士藻、劉尚寶日升、黃輝、陶太史望齡、顧太史天埈、李太史騰芳、吳儀部用先、蘇中舍惟霖諸公」（《珂雪齋集》，卷 17，頁 709）皆一時名士大夫，相與聚譚遊賞之際，自然有助於智慧開發，與存在抉擇的拿捏，小修〈祭潘尚寶雪松文〉即自述：「予兄弟數年前，貢高我慢之氣，皆日銷化于公春風之中，而不自覺。」（《珂雪齋集》，卷 19，頁 790）中郎〈答王以明〉信中，也讚美潘士藻：「生精神散緩，甚仗此老爲藥石，畢竟舊習難除也。」（《錢校》，卷 22，頁 768）

所謂「兄弟」是指中郎、小修，因爲宗道一向沈穩，他對參禪的省思也比較早，萬曆二十五年（1597），中郎剛卸下吳令之職，耽溺在解脫之樂中，而他則已然改圖，〈寄三弟〉信中，就表示對苦參解悟以了生死的質疑：

> 吾以冷澹無所事，只得苦參，將來或不作生彌勒院中行徑，差強之耳……但參話頭工夫，難得純一，又念世間浮解，恐無益於將來，更作小小功德。所分大官餐錢，即買魚蝦鱉鱔，放入金水池中……欲用此少贖罪愆……且令好生一念，常時萌動，將來或至憫念有情，不復食噉。（《白蘇齋類集》，卷 16，頁 230）

參話頭是禪門功課，必須全神貫注，參破疑團以明心見性，修的是意業，是智慧增上，心猿意馬、一念三千，意業最是難修，即使當下開悟，也難保妄念不起，「世間浮解，恐無益於將來」，就是一個有參禪的成就，淨土修行不足，終日惶惶不安的人，深刻的感嘆吧！所以他開始修福德——放生，放生象徵慈心不殺，在淨土信仰中是往生西方的福德因緣，可見宗道此時既參禪

又修淨土，希望將來「作生彌勒院」是彌勒淨土的信仰者。〔註19〕

不過思想內歛的傾向，恐怕是葡萄社論學的特點，並不限於潘士藻、袁宗道二人，中郎《西方合論》編寫的緣起，是因愚庵和尚與平倩的建議（詳《西方合論・自序》，頁469），可見黃氏的觀點也是信仰淨土的，而據宗道序言：書成之後，同參發心持戒念佛的也有五人（詳《西方合論・序》，頁467）。由此可知，中郎繼去執、無意識分別之後，提出淨土信仰的修行法門，也是有迹可循的。

而法友同道的影響，都只是外緣，不能產生絕對的動力，思想發展的關鍵在於中郎自己：

> 余十年學道，墮此狂病，後因觸機，薄有省發，遂簡塵勞，歸心淨土，禮誦之暇，取龍樹、天台長者、永明等論，細心披讀，忽爾疑豁，既深信淨土，復悟諸菩薩差別之行，如貧兒得伏藏中金，喜不自釋。(《西方合論》，頁469)

歸心淨土的動機猶如疏解《莊子》，是爲了生命安頓，對治參禪歧出的「狂病」，宗道《西方合論・序》，對中郎這段由禪入淨的轉向，敘述更爲詳盡：

> 石頭居士少志參禪，根性猛利，十年之內，洞有所入，機鋒迅利、語言圓轉……遂亦自謂了悟，無所事事？雖世情減少，不入塵勞，然嘲風弄月，登山玩水，流連文酒之場，沈酣騷雅之業，懶慢疏狂，未免縱意，如前三病，未能全脫，所幸生死心切，不長陷溺，痛念見境生心，觸途成滯，浮解實情，未能相勝，悟不修行，必墮魔境，佛魔之分，只在頃刻，始約其偏空之見，涉入普賢之海。（頁466）

被點名的是中郎，事實上是三袁兄弟的自道，如此嚴厲的自我檢視，必然涉及他們的本心、本願，他們存在抉擇的判斷準據，修道、了斷生死的信願，是他們的終極關懷，機緣在禪就努力參悟，在淨土則持戒念佛，絕不苟且拖延，這氣魄是何等莊嚴！若是以「慧業文人」看待，那是低估，也是錯認。

《西方合論》是中郎裒集西方諸論，「述古德要語，附以己見，勒成一書」

〔註19〕往生的十方淨土很多，較普遍爲人所信仰的有三種：一是彌勒淨土，二是彌陀淨土，三是藥師淨土。彌陀淨土在西方，藥師淨土在東方，彌勒淨土在欲界之兜率天，離娑婆世界最近，修彌勒淨土的殊勝之處是不必發出離心，只要修《彌勒上生經》所說六事：勤修功德、威儀不缺、掃塔塗地、眾香花供養、行眾三昧（有心熏習三昧）、讀誦經典，加上稱念「南無當來下生彌勒尊佛」，就可往生，最簡單易行，具有人間佛教的色彩。

（《西方合論・自序》，頁469），從淨土思想體系來看，的確缺乏創新與突破；但是若就法門護持的角度而言，自有其特殊的時代意義。蕅益法師〈評點西方合論序〉也指他：「透徹禪機，融貫方山清涼教理」並說：「出於淨宗弊極之年，闡教救時於今爲烈」（詳同前揭書，頁456），事實上，這也是他選述的本意，序中對當時狂禪風氣，就有強烈的批評：

> 夫滯相迷心，有爲過出；著空破有，莽蕩禍生。達摩爲救執相之者，說罪福之皆虛；永明爲破狂慧之徒，言萬善之總是……五葉以來，單傳斯盛，迨於今日，狂濫遂極，謬引唯心，同無爲之外道，執言皆是，趨五欲之魔城……至若楞伽傳自達摩，悟修並重，清規創始百丈，乘戒兼行，未聞一乘綱宗，呵叱淨戒，五燈嫡子，貪戀世緣。
>
> （同前揭書，頁468）

近世學者論中郎的思想淵源，經常要溯自左派王學——泰州學派的狂禪作風，殊不知在他三十一、二歲之際，狂禪的「謬引唯心，同無爲之外道，執言皆是，趨五欲之魔城」等等貪戀世緣行徑，正是他極思匡救的。這裡他結合歷史因緣，詮釋各教派立論宗旨，無非要說明「著空破有、莽蕩禍生」，學道的正途應是乘戒並行。萬曆三十二年（1604），他在德山論學，說明這段歷史因緣也指出：「《西方合論》一書，乃借淨土以發明宗乘，因談宗者不屑淨土；修淨土者不務禪宗，故合而論之。」（《珊瑚林》，卷上，葉 2）這是生命成長的智慧，他自己就是時代的註腳。〔註20〕

因此，他淨土思想的建構，自然不是學術系統的思考，是以生命的觸動作爲基礎，他參禪，肯定禪宗「破執相」之效；禮佛、誦經，又領受淨土的「破狂慧」之功，順理成章的就是走上禪淨合一的路子，宗道《西方合論・序》說他立論的要旨是：

> 其論以不思議第一義爲宗，以悟爲導，以十二時中，持佛名號，一心不亂，念念相續爲行持，以六度萬行爲助因，以深信因果爲入門。
>
> （頁466）

〔註20〕淨土宗由於修行方式的不同，可分爲三大流派：一是晉慧遠的自力往生派，靠自己「念佛三昧」的定力往生。二是北魏曇鸞、隋道綽、唐善導所倡的「他力往生派」，主張仗佛力往生。三是唐慈愍慧日、宋永明延壽、靈芝元照、明雲棲袾宏等人所提出的折衷派，其中以第二派最爲主流。中郎因自身的特殊機緣，由禪入淨，禪淨雙修，自然而然的步上雲棲蓮池的後塵，與佛教思想界的融合觀念不謀而合，也呼應了晚明文化克己復禮的路向。

「不思議」「悟」強調明心見性、見本來面目，是禪學的核心，「持佛名號」「六度萬行」「深信因果」偏重於信願增上，是淨土的特色，他將前者視作修行總綱，而後者爲施行細則，但憑主觀的感覺經驗，輕易就融合禪淨兩家的思想爲一爐。

禪淨兩派最初是互相諍論、水火不容的，至宋永明延壽禪師大力調和後，衝突才稍見緩和，他著有《宗鏡錄》、《萬善同歸》，中郎在萬曆二十四年（1596），就接觸他的《宗鏡錄》，批評他「愈講愈支、愈明愈晦」（《錢校・伯修尺牘》，卷 6，頁 279），至此則「細心披讀」，並贊歎他禪淨雙修，能「以此解禪者之執情，以此爲末法之勸信，是眞大有功於宗教者。」（《西方合論・第二緣起門》，頁 488）態度的轉變其實就涉及他對淨土思想的認知，他的貶抑，是憑著禪宗一超直入的觀點；而肯定淨土法門足以「破狂慧」的效用，則是從墮爲狂禪而來的省發。

萬曆二十八年（1600），他向李贄發抒自己的學道心得：

> 世人學道日進，而僕日退，近益學作下下根行。孔子曰：「下學而上達。」棗柏曰：「其知彌高，其行彌下。」始知古德教人修行持戒，即是向上事。彼言性言心，言玄言妙，皆虛見惑人，所謂驢橛馬椿者也……《淨土訣》愛看者多，然白業之本，戒爲津梁，望翁以語言三昧，發明持戒因緣，僕當募刻流布，此救世之良藥，利生之首事也。幸勿以僕爲下劣，而擯斥之。（《錢校・李龍湖尺牘》，卷 22，頁 792）

三十三歲的他，有中年人的沈穩，開始用「退」的態度，面對生活，「退」不是逃避、閃躲，而是誠懇、篤實的修行守戒，他認爲「白業之本，戒爲津梁」，「戒」就是修行守戒，他對李贄的《淨土訣》尚不滿意，就因爲對持戒因緣闡發不足。

因此，寫作《西方合論》，就以此旨貫通全書：

> 圓悟和尚曰：「生死之際，處之良不易，唯大達超證之士，一徑截斷則無難，然此雖由自己根力，亦假方便，於常時些小境界，轉得行，打得徹，踐履將去，養得純熟，到緣謝之時，自然無怖畏。」（〈第八見綱門〉，頁 557）

> 夫積劫情塵，多生愛海，似蝕劍之苔華，若吞珠之泥鏽，無礪不吐，去垢方明。欲得心淨，除非穢滅，悟者常須覺觀，迷人勤加折伏，

其或愛鎖貪枷，亦當痛年惜月，孔子曰：「困而不學，民斯為下。」今欲一生超僧祇之果，十念攝億萬之程，豈是麤見浮思，結心塵口所能超越，不拌一忍，空累多生，如法而修，免墮魔罥。（〈第九修持門〉，頁 559-560）

眾生無始垢穢，遍一切法，如油入麵，似金在礦，修淨業者，當加種種觀行，磨鍊習氣，為白法之垣壇，作往生之津梁。（同前揭書，頁 562）

一切淨法以戒為址，如人作舍，先求平地，如畫師畫諸山水，先治光明素練，然後著彩，戒亦如是，是故戒為諸善法之首，入淨國之初門，若不持戒，如惡陋敝女，欲事帝釋，無有是處。（同前揭書，頁 567）

綜合上列引述可以發現：他將修行持戒視為「破狂慧」的妙方，更是往生淨土的資糧。因為他覺察到眾生的複雜性——既「自心廣大，具有如是清淨功德」（同前揭文，頁 561），卻又具有「積劫情塵」「無始垢穢」，換句話說，同時兼為道與魔的載體。就前者言，修行持戒可以使清淨自性常在，厚植覺觀道力；就後者言，可以「磨鍊習氣」，銷解現前境界，若是「養得純熟，就可免墮魔罥。」

宗道《西方合論・序》說他：「以十二時中，持佛名號，一心不亂，念念相續為行持。」他也引《文殊般若經》闡述此理：

佛告文，欲入一行三昧，應處空閒，捨諸亂意，不取相貌，繫心一佛，專稱名字，隨彼方所，端身正向，能于一佛，念念相續，即是念中，能見過去、未來、現在諸佛，念一佛功德，與念無量佛功德無二，阿難所聞佛法，猶住量數，若得一行三昧，諸經法門，一一分別，皆悉了知。（《西方合論・第三部類門》，頁 501）

可見他修持的是淨土門的「稱名念佛」，〔註 21〕行住坐臥皆可散心念佛，是易行道的法門，所以他自稱「學道日退」「學作下下根行」，不過這只是謙虛之詞，事實上，他對此深信不疑，以為「能於一佛，念念相續」即得念佛三昧。

〔註 21〕念佛方式有三：一為觀想念佛——靜坐而觀念佛之相好功德，又稱定業念佛。二為稱名念佛——口持佛名，於行住坐臥皆可為之，又稱散業念佛。三為實相念佛——觀佛之法身，中道實相，又稱無相念佛。觀想念佛與稱名念佛，則相對而稱為有相念佛。

這種修行的方式，入門極爲簡易，要通達三時之境則殊爲難成。

不過從中郎的選擇，可以看出他克己復禮的決心，存心守境爲念，稱名念佛，心繫於佛，時時刻刻不離修行、持戒，念頭流轉之際，隨即自我提撕，截斷惡緣，〔註22〕這種勇猛精進的態度，比寫作《廣莊》時期，已更爲積極，若再與《錦帆集》、《解脫集》時期相較，銳利依舊，而智慧的醇化，則不可同日而語，國是紛紜果然是煩惱，也是菩提呢！

第三節　文學觀念的調整

思想觀念轉趨「乘戒兼修」之際，中郎開始老實讀書了，不爲功名利祿，也不譁眾取寵，〈答王以明〉書信中，對於這種自我要求的艱難與成長的喜悅，有清楚的敘述：

> 近日始學讀書，盡心觀歐九、老蘇、曾子固、陳同甫、陸務觀諸公文，每讀一篇，心悸口呿，自以爲未嘗識字。然性不耐靜，讀未終帙，已呼羸馬，促諸年少出遊。或逢佳山水，耽翫竟日，歸而自責，頑頓如此，當何所或？乃以一婢自監，讀書稍倦，令得訶責，或提其耳，或敲其頭，或搔其鼻，須快醒乃止，婢不如令者，罰治之。習久，漸慣苦讀，古人微意，或有一二悟解處，輒叫號跳躍，如渴鹿之奔泉也。曹公曰：「老而好學，惟吾與袁伯業。」當知讀書亦是難事。求之于今，若老禿、去華、弱侯其人也。（《錢校》，卷 22，頁 772）

此一敘述出自萬曆二十七年（1599），從中可以看出：在這個階段之前，他標舉唐宋文，卻未仔細讀出他們的佳妙之處，經過一番鞭策苦讀，批點韓柳歐蘇四大家文，〔註23〕才能悟解「古人微意」，也就是說，萬曆二十四、五年間

〔註22〕萬曆二十七年（1599），中郎已逐漸斷肉，〈答顧秀才紹芾〉說：「近日漸學斷肉，此亦是學隱居之一端，將欲併禁諸欲，未免爲血肉所使，常自諦觀宦情不斷之根，實在於此。」（《錢校》，卷 22，頁 788）同年〈答石簣〉書也說：「弟自去年九月已斷作詩，偶探奇，不免見獵耳。」（《錢校》，卷 22，頁 791）持戒之篤，可見一斑。

〔註23〕據小修《珂雪齋集・遊居柿錄》萬曆四十年（1612）所記：中郎批點韓柳歐蘇爲四大家文已逸散（詳卷 7，頁 1261），但萬曆四十二年（1614）又記：「選校之書，若《宗鏡錄》，若刪定《六祖壇經》，若韓、歐、蘇三大家詩文、《西方合論》，或已刻，或尚留于家，此外無餘矣。」（頁 1317）可知四大家文與

（1596-1597），他所謂的「唐宋文」是個空洞的概念，相對於秦漢古文，象徵新變的創作實踐，至於能新、能變的具體事實如何？恐怕是他回答不來的，而此番苦讀、悟解，恰好回應了這個問題，所以才會興奮得「叫號跳躍，如渴鹿之奔泉」。

同時，他也深刻體會到學與創作間複雜的關係，而慨嘆讀書之難，與當代人之淺薄不學。經常以「不學」爲詞，來指責時弊：

> 至于今市賈傭兒，爭爲謳吟，遞相臨摹，見人有一語出格，或句法實非所曾見者，則詆爲野路詩。其實一字不觀，雙眼如漆，眼前幾則爛熟故實，雷同翻覆，殊可厭穢。（《錢校・敘姜陸二公同適稿》，卷 18，頁 695）

> 余謂文之不正，在于士不知學。聖賢之學惟心與性。今試問諸業舉者，何謂心？何謂性？如中國人語海外事，茫然莫知所置對矣，焉知學？既不知學，於是聖賢立言本旨，晦而不彰，影響猜覓，有如射覆。深者勝之以險，麗者誇之以表，詭者張之以貸……（《錢校・敘四子稿》，卷 18，頁 697）

作詩模擬抄襲的惡習，出自於「一字不觀」，讀書未能徹悟，只賣弄幾個現成故實而已；時文文體訛亂，也在於「士不知學」，學行不厚，心性不明，原來一切詩文的弊病，都源自不學。

因此，相應於思想上的修行持戒，文學觀念上則強調學的重要：

> 青蓮唯一能虛，故目前每有遺景；工部唯一於實，故其詩能人而不能天，能大能化而不能神，蘇公之詩出世入世，粗言細語，總歸玄奧，怳惚變怪，無非情實。蓋才力既高，而學問識見，又迥出二公之上，故宜卓絕千古。（《錢校・答梅客生開府尺牘》，卷 21，頁 734）

> ……士當教之知聖學耳。知學則知文矣，禁何益哉！門人某等留心學問，其爲文根理而發，無浮詞險語，是可喜也。（《錢校・敘四子稿》，卷 18，頁 687）

東坡詩成就之能虛實間雜、怳惚變怪，出於李、杜之上，學問識見居關鍵因素，文能「根理而發，無浮詞險語」在於「留心學問」。與《解脫集》中所持的論調：「毛孔骨節俱爲聞見知識所縛，入理愈深，然其去趣愈遠」（《錢校・

三大家詩文，內容或有重疊，應是不同的兩本書，並可見當時中郎對唐宋文的確下了一番工夫。

敘陳正甫會心集》，卷 10，頁 463）正相對反。

他鑽研的範圍，雖然從坡公、永叔等唐宋文開始，不過由於重視學的緣故，無論所學對象的思考，以及對「復古」的詮釋，都有更成熟的意見。這時他不再叫囂「世人喜唐，僕則曰唐無詩；世人喜秦漢，僕則曰秦漢無文；世人卑宋黜元，僕則曰詩文在宋元諸大家。」（《錢校・張幼于尺牘》，卷 11，頁 501）〔註 24〕認爲學要既深且廣，才能虛實兼用、怳惚變怪，因此對於學古的看法，也有不同，從以下三則可窺略一斑：

> 昔老子欲死聖人，莊生譏毀孔子，然至今其書不廢……何者？見從己出，不曾依傍半箇古人，所以他頂天立地，今人雖譏訕得，卻是廢他不得。不然，糞裡嚼查，順口接屁，倚勢欺良，如今蘇州投靠家人一般。記得幾個爛熟故事，便曰博識；用得幾個現成字眼，亦曰騷人。計騙杜工部；囤紮李空同，一個八寸三分帽子，人人戴得。以是言詩，安在而不詩哉？（《錢校・張幼于尺牘》，卷 11，頁 501-502）

> 樂府之不相襲也，自魏晉已然。今之作者，無異拾唾，使李、杜、元、白見之，不知何等呵笑也。舟中無事，漫擬數篇，詞雖不工，庶不失作者之意。具眼者辨之。（《錢校・擬古樂府》，卷 13，頁 577）

> ……善畫者，師物不師人；善學者，師心不師道；善爲詩者，師森羅萬像，不師先輩。法李唐者，豈謂其機格與字句哉？法其不爲漢，不爲魏，不爲六朝之心而已。是眞法者也。是故減灶背水之法，迹而敗，未若反而勝也。夫反所以迹也。今之作者，見人一語肖物，目爲新詩，取古人一二浮濫之語，句規而字矩之，謬謂復古，是迹其法，不迹其勝者也，敗之道也。（《錢校・敘竹林集》，卷 18，頁 700-701）

這三則基本上都是反對句規字矩，拾唾以爲復古，不過思考上則可分爲三個層次，第一則作於萬曆二十五年（1597），以「見從己出」，便爲可傳，縱然不是佳作，但勇於推翻前人的觀點，「不曾依傍半個古人」，就可以俾倪當代。這種「顛覆」至上的說法，與他《解脫集》時代的生命情調一樣，一味強調有我，意氣激昂而缺乏理性思考（詳第三章第三節）。

〔註 24〕此信寫於萬曆二十五年（1597），當時中郎作吳越遊後，返回吳錫寓所，提及此論，係自述稍早的輕狂言語，並承認「立言亦有矯枉之過」，可見他在浪游之後，思想已開始轉變。

第二則作於萬曆二十六年（1598），自儀徵赴京補官途中，是〈擬古樂府〉十七首的序言，一位肆口批評擬古歪風的人，忽然作起擬古詩篇，其中深意，就值得仔細推敲了，大概這時候，他已然感受到古代作品在文學創作上的引導作用，藉由擬寫樂府古題，試圖探索一條通乎古而變於今的創作路線。觀察十七首作品，大抵是取樂府古題以寫時事，感情的基調近似，如：〈飲馬長城窟行〉寫戍守之苦，〈長安狹斜行〉寫狹路相逢的情形，〈結客少年行〉言輕生重義的慷慨情懷等（詳《錢校》，卷 13，頁 577-586），都不出古代作者本意；唯獨〈猛虎行〉一篇較爲特殊：

> 甲蟲蠹太平，搜利及丘空。板卒附中官，鑽簇如蜂踴。撫按不敢問，州縣被訶斥。槌掠及平人，千里旱沙赤。兵衛與郵傳，供億不知幾。即使沙沙金，官支已倍蓰。礦徒多劇盜，嗜利深無底，一不酬無欲，忿決如狼豕。三河及兩浙，在在竭膏髓。焉知疥癬憂，不延爲瘡痏。
>
> （《錢校》，卷 13，頁 580-581）

雖然古題，卻是一語雙關，用以影射中官礦使，有苛政猛於虎之意。與古作「言從遠役耿介，不以艱險改節」比較（《百種詩話類編・樂府古題要解》，頁 1583），後者砥礪、獎勸的意味較濃；前者則意在譏刺、感慨，但是與「遠役須耿介」之旨，亦相關涉。

可見他對擬古的態度，已非全盤否定；但是仍然不同意以機格、字句相似，謬稱復古，因此，試圖發展出新的擬古意涵。所謂「詞雖不工，庶不失作者之意」，據十七首樂府詩的觀察，「詞之不工」正是詞之新變，也就是他採用的是「規模其意，而出之以己言」的態度，如此便算是不相抄襲了。這種思考，是從方法論上立說，建立新的擬古典範，有助於初學，但不能呈顯文學創作的最高境界，缺乏深刻的、宏觀的視域。好比當時生命型態的轉型，以「去執」自我顛覆，卻仍未能安頓自己，文學上他也在自我顛覆，由反擬古而擬古，態度轉變了，但一切尚待更進一步的發展。

第三則所述，是此一脈絡發展的高峰，他肯定學，也肯定法，但是迥異於七子末流的看法，提出更究竟的解釋，主張師物、師心、師森羅萬象，而切忌師人、師道、師先輩，其中的分別在於本末的思考，就藝文創作的本質而言，何者是更爲根源的問題，對照來看，「人」、「道」、「先輩」，可以說象徵一組格套，是描摹美感經驗的載體，或者是就載體的經營作一番後設的歸納、整理，是一套套的語言符號；而「物」、「心」、「森羅萬像」，相對於語言符號的格套性格，其所以值得取法的，就在於象徵著生命整體的存在狀況，充滿著隨機性與自由靈動的特質。藝文創作活動，是就生命中美感體驗，作定型的工作，以預留提供重溫此一美感體驗的機緣。因此，最究竟的學，應該是師物、師心、師森羅萬象，以恢復生命自由、靈動的活潑性，豐富美感體驗，作爲創作的源頭活水；如果捨棄自家寶藏，貪圖便捷攀緣，依賴僵化的語言格套，終是違反創作本質的，不是學古的正途。

所謂「法其不爲漢，不爲魏，不爲六朝之心」，就指出學古在於法其不因襲舊徑，不落窠臼的創造精神，然而「不爲」並非憑空而言，必須深入其中觀察、思考、體會之後，才有資格「不爲」，所謂「反所以迹也」，不知其迹，焉能知反？這時他對學古的看法，比前一年已更爲深入、清晰，前者擬古樂府之作，猶且株守古題，揣摩其意，至此則即事名篇而已，〈猛虎行〉一詩別出心裁，就已奠下這種發展趨勢。江進之《雪濤小書・擬古》的觀點，也與他相契：「古樂府古詩，所命題目……皆就其時事構詞，因以名篇，自然妙絕。而我朝詞人，乃取其題目，各擬一首，名曰復古。」（頁 5）可見是葡萄社共同的文學主張。

對「復古」的再詮釋，事實上隱含著美學上的思考：究竟創作的價值在哪裡？如何才能完成此一價值？這個命題從他開始用心禪學，就展開探索；學禪時，偏好的是一超直悟的淨妙境界，談論文學的創作、鑑賞，則以「眞」爲首要：

> ……吾謂今之詩文不傳矣。其萬一傳者，或今閭閻婦人孺子所唱〈擘破玉〉、〈打草竿〉之類，猶是無聞無識眞人所作，故多眞聲，不效顰於漢魏，不學步於盛唐，任性而發，尚能通于人之喜怒哀樂嗜好情欲，是可喜也。（《錢校・敘小修詩》，卷 4，頁 188）

以「任性而發」爲眞，認爲「情至之語，自能感人，是謂眞詩，可傳也」，（同前揭文）如此論說，即將眞而可傳視作文學創作的價值實踐，不過「眞」只是概念上的推衍，以便對治後七子末流所造成剿襲模擬的惡習，至於在文學創作的實踐活動中，「眞」的意涵如何，恐怕是未及深思的，反正眞者有情，強過模擬無情就是了。

此番再詮釋，也強調「眞」的價值，不過領教過小修「太露」之病（詳同前揭文），江進之「或有一二語近平、近俚、近俳」（詳《錢校・雪濤閣集序》，卷 18，頁 710），自己〈湖上〉諸作的「穢雜」（詳《錢校・張幼于尺牘》，卷 11，頁 502），伴隨生命思想的轉型，對於「眞」有深刻的體認，這時他不太用「眞」作爲斷語，而改用「人各爲詩」（《錢校・敘竹林集》，卷 18，頁 700）等積極性、具體性的詞語，換句話說，眞詩必須「學古」而來，並且學古尚須講究超越，能入能出而不爲形迹所限，以「不法爲法，不古之古」（同前揭文，頁 701），才算是「創造」，創造而「無肖」，就是於古人「無不肖」，這是「眞」的意涵，因此江進之《雪濤小書・求眞》，解釋「眞詩」，也說：「蓋能爲眞詩，則不求唐、不求盛，而盛唐自不能外。」而能如此的前提則是：於漢魏盛唐外，更得「研窮中晚，方盡詩家之變」（詳頁 3），都明白指出：創作價值的實踐始於積學，而終乎以不肖爲肖。

順著這個思考脈絡，他仍然強調創作必須能新能變：

> 文章新奇，無定格式，只要發人所不能發，句法、字法、調法，一一從自己胸中流出，此眞新奇也。（《錢校・答李元善尺牘》，卷 22，頁 786）

而新變的結果可以發展出另類文體：

> 〈騷〉之不襲〈雅〉也，〈雅〉之體窮于怨，不〈騷〉不足以寄也……至蘇、李述別及〈十九〉等篇，〈騷〉之音節體致皆變矣，然不謂之眞〈騷〉不可也。古之爲詩者，有泛寄之情，無直抒之事；而其爲文也，有直書之事，無泛寄之情，故詩虛而文實。晉、唐以後，爲詩者有贈別，有敘事；爲文者有辨說，有論敘。架空而言，不必有其事與其人，是詩之體已不虛，而文之體已不能實矣。古人之法，顧安可概哉！（《錢校・雪濤閣集序》，卷 18，頁 709-710）

從文類情感特質的角度，談文體的流變，進而肯定文學發展新變取向的必然性，這個觀點在《錦帆集》時代，已有輪廓：

> 秦、漢而學《六經》，豈復有秦、漢之文？盛唐而學漢、魏，豈復有盛唐之詩？唯夫代有升降，而法不相沿，各極其變，各窮其趣，所以可貴，原不可以優劣論也。且夫天下之物，孤行則必不可無，必不可無，雖欲廢焉而不能；雷同則可以不有，可以不有，則雖欲存焉而不能。（《錢校・敘小修詩》，卷 4，頁 188）

文學新變發展取向的觀點一樣：強調「代有升降，而法不相沿，各極其變，各窮其趣，所以可貴」，不過《錦帆集》時期凸顯的是「一意孤行」以求新，虛擬一極變窮趣的境界，繁複的方法論，則簡化爲「不學」而已，若此，模擬死學是一套枷鎖，孤行不學何嘗不是另類格套，只有《瓶花齋集》中，經由學古、復古，而從自己胸中流出的格式，凝聚生命眞誠的感動，才是「眞新奇」；後者的充實飽滿，絕非前期虛懸概念者可比。

《瓶花齋集》時期，是中郎由學禪轉入淨土信仰的階段，性命思想的融合轉化，是這段期間思考的重心，《西方合論・第九修持門》所列淨戒之九「無益戒」，以「一切詩文無益」（頁 568），而他萬曆二十七年（1599），《答陶石簣》信中也提到：「自去年九月（1598），已斷作詩，偶探奇，不免見獵耳」（《錢校》，卷 22，頁 791）可見搦管舞文與淨土持戒，本質上是有所牴牾的，因此，此一階段文學觀念的調整，絕非基於文學改革的需要，〔註 25〕而是伴隨思想轉化，衍生的外環思考，淨土信仰突出的是對戒律的充分認同，轉換到文學上，則是對典範的尊重，這就是他重新詮釋學古、復古的因緣。

〔註 25〕萬曆二十七年（1599），中郎〈答李元善尺牘〉曾自述：「弟才雖綿薄，至於掃時詩之陋習，爲末季之先驅，辨歐、韓之極冤，搗鈍賊之巢穴，自我而前，未見有先發者，亦弟得意事也。」（《錢校》，卷 22，頁 763）又致〈馮侍郎座主〉信也提到詩文改革之事：「至於詩文間一把筆，悲時論之險狹，思一易其弦轍。而才力單弱，倡微和寡，當今非吾師，誰可就正者？近日黃中允輝、顧編修天埈、李檢討騰芳，亦時時商證此事，辟諸將傾之棟，非一二細木所能支，得師一主張，時論自定。何也？以名與德爲言，皆足以厭心而奪其所趨也。」（《錢校》，卷 22，頁 769）好像正如火如荼展開文學改革活動，事實上，前者著眼於個人近作的成就——能求新求變，不蹈七子末流陋習；而文集中「辨歐、韓之極冤，搗鈍賊之巢穴」之言，僅浮泛數條，且「自我而前，未見有先發者」，也與歷史實情不符，否則又何必請求馮琦，出爲主張以定時論。而後者「才力單弱，倡微和寡」之語，雖是謙辭，正好說明當時中郎的文學論點，只與若干同道相互商證，影響層面極其有限。

第五章　柳浪歸隱至三度出仕的思想發展與文學論述

柳浪歸隱事在萬曆二十八年（1600），那時中郎才三十三歲，隱居六年；萬曆三十四年（1606），又三度出仕再補禮部儀制司主事、授驗封司主事，萬曆三十八年（1610），二月因爲考功事竣給假南歸，八月遂卒於家。這個階段，前後長達十一年，前者謝去塵囂潛心道妙，後者因循時變、通達兼濟，閒雅、繁華冷熱有別；不過此際，他已涉入人生的最後旅程，經過年少輕狂的歲月，目睹政治核心爾虞我詐、忘國忘家的敗德行徑，他的思想早已轉趨內斂；加上萬曆二十八年伯修猝然辭世的震撼，刻骨銘心的無常生死之感，使得思考型態越發隨順克己復禮的面向發展，無論是閒適的柳浪風月，抑或攝理選曹的興革整治，所展現的文學觀念與境界，都是此一精神的延伸與擴展，這段時期的著述豐富：有《瀟碧堂集》、《珊瑚林》、《壇經節錄》、《破研齋集》、《觴政》、《墨畦》、《華嵩遊草》、《場屋後記》及未編稿若干等，是解讀他忽隱忽仕思想演變的重要憑證。

第一節　柳浪歸隱初的苦寂思想

成就柳浪歸隱的因緣是病，中郎〈告病疏〉自道：〔註 1〕萬曆二十八年（1600），差往河南周藩瑞金王府，掌行喪禮，返鄉半年後，萬曆二十九年

〔註 1〕《錢校・告病疏箋》載：「萬曆二十八年庚子在北京作。」據文中述及翌年六月回京復命事，因此寫作時間，宜在萬曆二十九年。

（1601）三月，回京復命，行到安慶，火病大作，復遇宗道靈柩返鄉，哀慟過度，病勢更加嚴重，自思「濫竽曹署，亦復何用」，因此請長假回籍調理（《錢校》，卷20，頁732）不過眞正的「病」絕非如此，而是「骨肉凋殘，埋憂無地，肝腸荼毒，望死如鄉」（同前揭文），再度觸發的修短隨化、無常生死、道業未就的恐懼。

宗道去世之初，他給禮部祠部郎中黃大節的回信中，談到內心的悲慟：

> ……以是無會不極口勸伯修歸，及警策身心事，蓋深慮朝露之無常，石火之不待。不幸而不待者，果不相待哉……以弟觀之，眼前數十年內，所餘幾何？縱復得之，有何光景？若不力學，皆是添業之日。程途有分，資糧早辦，便爲得計，去之遲速，可勿論也（《錢校‧答黃無淨祠部》，卷22，頁793）〔註2〕

就是這份「不幸而不待者，果不相待」的震撼，「若不力學，皆是添業之日」的危機意識，使他在復仕三年後，再度告假請歸，以便「早辦資糧」，了脫生死——有生之日，逍遙自適，下世之期，往生淨土。

歸隱之初，伯修去世的悲慟猶新，傳統士人最難勘破的功名利祿之想，遂一刀斬絕，小修〈中郎行狀〉說他「絕葷血者累年，無復宦情」。（《珂雪齋集》，卷18，頁759）。在他詩作中，或慷慨悲歌，或揮灑閒情逸致，都傳達這種情懷：

> 〈哭劉尚書晉川〉
>
> ……海內學道幾人在？轉眼輒爲天所收。去年哭潘去華，又哭我先伯修。河枯岳折星辰死，鳳皇不鳴鳴鵂鶹。天公于世豈相讎？或者精光透泄不宜久，高賢大才理當歸一丘。嗚呼，既知歸一丘，何爲銀章緋袍白頭戀著不得休？（《錢校》，卷27，頁906）
>
> 〈隆中偶述〉
>
> 蒼藤老蔽幽谿石，瘦鍔棱棱網苔迹。想得山中抱膝時，涼雲如水樹

〔註2〕信中提及「訃至之日，家祖母遂亦長逝，此時可知」，而據中郎〈余大家祔葬墓石記〉：「至仲冬之廿五日，病革，遂不起。時，亡兄訃亦至。」（《錢校》，卷39，頁1177）小修《珂雪齋集‧行路難》：「萬曆庚子，予應秋試后，從中郎使車南歸……十一月廿六日晚，忽得伯修訃音，一家昏黑，不知所爲，兩三日痛定后，稍訊，信出黃太使書……」（卷21，頁871）知中郎覆函之期，約在萬曆二十八年十二月初前後。

紋碧。山莎滿地刺花紅，草當斜掩一池風。杖聲跕跕銜山鳥，道是鹿門龐德公。開尊疊唱梁甫吟，黃頭醜婦拔釵簪。踏花趁石窮幽嶮，行盡溪橋聞怪禽。一朝龍甲騰巴水，盡瀉清江澆玉壘。西連鄴虜東狡吳，坐策行籌幾回死。晚年隻手扶庸主，文泣鬼神戰風雨。炎火不光漢數窮，消得英雄憤幾許。五丈原頭石輾塵，煙霜蔽卻白綸巾。始知伊呂蕭曹輩，不及餐雲臥石人。（《錢校》，卷 28，頁 925-926）

〈白香山三十四歲作感時詩，余今正其時矣，仍次其韻〉（以下簡稱〈感時詩〉）

少年沐新髮，鬱若青莎地。一朝盆水中，霜縷忽三四。辟如百里塗，行行半將至。視老猶壯容，比少已憔悴。是身如肉郵，皮毛聊客寄。微官復寄身，寄與寄為二。浮雲畸太空，種種非作意。鱗鬣及鬖鬤，散時等一氣。為樂供朱顏，及時勿回避。青山好景光，花木饒情致。我有戰老策，勝之以無累。胸中貯活春，不糟自然醉。虛舟蕩遠波，從天作升墜。（《錢校》，卷 27，頁 899）

〈哭劉尚書晉川〉是悼念李贄的好友劉東星，感於篤行學道人，幾年內相繼折損，因此悲憤「鳳皇不鳴鳴鵂鶹，天公于世豈相讎」，既然高賢大才理當早凋，那麼「何為銀章緋袍白頭戀著不得休？」〈隆中偶述〉比較孔明一生的出處行藏，前半首極寫隆中高臥，「踏花趁石窮幽嶮，行盡溪橋聞怪禽」的悠遊自得，後半首則為他出生入死效命蜀漢，終究敵不過老天爺的旨意，深致喟嘆：「始知伊呂蕭曹輩，不及餐雲臥石人」。〈感時詩〉則感嘆餘生有限，當「為樂供朱顏，及時勿回避」。

這三首詩皆作於萬曆三十年（1602），各從不同的層面觀察人生，卻得到相同的答案——銀章緋袍不及餐雲臥石，坐策行籌不如及時為樂，這是由於凝視角度一致的緣故，而伯修終其一生對生命的警悟——無常、迅速，〔註 3〕是中郎此時最大的凝視焦點，因為無常、迅速，一切都是暫為借寄，身體、

〔註 3〕小修《珂雪齋集・袁氏三生傳》載：伯修素參求心地，至庚子歲（萬曆二十八年，1600），壁上多書「無常」、「迅速」字，日夕禮拜。十月中，小病即逝（卷 17，頁 736）他凝視人生的角度可見一斑。小修在中郎過世後，給友人信中，也屢屢提到類似的問題，如〈寄雲浦〉：「弟近日東西遊覽，亦非耽情山水，借此永斷淫欲，庶幾少延天年。」（《珂雪齋集》，卷 24，頁 1012）〈答曾太史〉信也說：「弟往日學禪，都是口頭三昧，近日怖生死甚，專精參求。」（同前揭書，頁 1013）事實上，這也是當代文人士子共同的恐懼。

皮毛、官爵、功名……無不是「散時等一氣」，那麼，人生該如何呢？當然是「爲樂供朱顏，及時勿回避」了。不過所謂「爲樂」，絕非「少年挑達躁如猴，枕肱疊膝百自由，歃杯畫箸恣嘈咻」之類的淺薄行徑（《錢校‧哭劉尚書晉川》，卷 27，頁 905），而是玩賞風月、泛舟塵譚、涉水、禪坐讀誦的閑適之趣，他在書信中，對這種心境有詳細的敘述：

〈李湘洲編修〉〔註 4〕

弟往時亦有青娥之癖，近年以來，稍稍勘破此機，暢快無量。始知學人不能寂寞，決不得徹底受用也。回思往日孟浪之語最多，以寄爲樂，不知寄之不可常。今已矣，縱幽崖絕壑，亦與清歌妙舞等也。願兄早自警發，他日意地清涼，得離聲色之樂，方信弟言不欺也。（《錢校》，卷 42，頁 1233）

〈龔惟學先生〉

某此回得請，甚快，今年粗了匡山，此外別無分毫想。兒孫，塊肉耳；田舍，郵也；身體手足，偶而已。皆不足安頓計較。客居柳浪館，曉起看水光綠疇，頓忘櫛沐。晨供後，率稚川諸閒人，杖而入村落。日晡，棹小舟以一橈劃水，多載不過三人。晚則讀書，盡一二刻，燈下聚諸衲擲十法界譜，斂負金放生。暇即拈韻賦題，率爾倡和，不拘聲律。閒中行徑如此，聊述之去牘，以當一夕佳話也。（《錢校》，卷 42，頁 1233-1234）

小修作《宗鏡攝錄序》，回憶當時的生活，也說：

中郎先生以儀曹請告歸邑，斗湖上有水百畝，碧柳數千株環之，名爲柳浪。畚土爲臺，築室其上，凡三楹，中奉大士，兄與弟各占左右一室讀誦。癸卯（自按：萬曆三十一年，1603），予北上，中郎塊處，乃日課《宗鏡》數卷。暇即策蹇至二聖寺寶所禪室晏坐，率以

〔註 4〕〈李湘洲編修〉、〈龔惟學先生〉二信，《錢校‧箋》皆以爲作於萬曆二十八年（1600），而給李騰芳的信，與〈顧戶伯修撰〉一信言：「弟世情覺冷，生平濃習，無過粉黛，亦稍輕減。」（《錢校》，卷 42，頁 1232）內容頗爲近似，宜是同期之作，而給顧天埈的信中，有「至眞州遇二弟」之語，給龔惟學的信中，有「某此回得請，甚快」之語，皆指萬曆二十九年（1601）三月，中郎原擬由水道返京復命，順便迎接伯修靈柩，在眞州與小修會合後，因火病大作，並哀傷過度，遂請假返鄉調養之事（詳《錢校‧告病疏》，卷 20，頁 732），因此二信確切的寫作時期，宜是在萬曆二十九年柳浪隱居後。

> 爲常。偶有名僧館于柳浪，見中郎甘臥，至晨常高歌一詩而醒，因竊歎曰：「閻浮提覓此胸中無事人，定不可得也。」既讀《宗鏡》久，逐句丹鉛，稍汰其煩複，撮其精髓，命侍史抄出，因名爲《宗鏡攝錄》……追思中郎，謝去塵囂，高臥柳浪，于貝葉内研究至理，是眞善用其利刀者耳。今讀此錄，見其心機沈細，想像當日居柳浪閒靜光景，不覺有餘慕焉。(《珂雪齋集》，卷 11，頁 518-519)

可見柳浪隱居的確有其閒靜、澹泊的一面，相對於前一時期，任職京師，目睹宦途薄惡，情態險側可笑的種種行徑，擔心無端惹禍的恐懼，當然是另類的生活。在這裏他是隆中高人隱士的孔明，是柳浪館中宜近宜低、無人踐暴的鬖鬖風柳，〔註 5〕更是遒逸格高「騎著幺鳳上青昊」的寒梅，〔註 6〕國事紛紜、權臣傾軋、是非混淆……無一事相干，也無一事煩惱，放下知識份子承擔天下的執著，人生壓力銷解大半，當然是閒適多了，無怪乎晨起「常高歌一詩而醒」。

不過，人生的艱難在於離不開生活，政事可以充耳不聞，功名之想可以斬截，子孫、田宅之思可以了卻……依然要面對紛至沓來的生活瑣瑣，從書信往來中可以發現：中郎也不能擺脫這個遮天蓋地的牢籠，如：

> ……學道之不利官久矣……家之不可學道，猶官也，官有友而不暇，家則暇而孤，唯遊可兼得之。弟意欲春秋入山諮訪，冬夏則閉門讀書而已。(《錢校・黃平倩尺牘》，卷 42，頁 1237)

作官老想告歸，果眞回家了，卻又想要逃家，家暇而孤不可學道，只說得一分；家的桎梏還因爲它象徵著傳統倫理規範的權威，回家可以說是對社會規

〔註 5〕中郎〈柳浪館雜詠〉四首，其四：「齋閒行將近，于回又隔蹊。入窗中遠水，萬柳外長堤。鑿曲添魚舍，芟枝減鶴棲，無人踐暴汝，宜近亦宜低。」末聯結語爲雙關句，既寫柳，又寫自己的閑適自在－「無人踐暴」(《錢校》，卷 28，頁 279)。

〔註 6〕萬曆三十年（1602），中郎作有梅花詩三首，題爲〈和東坡梅花詩韻，今年雪多，梅開不甚暢，爲花解嘲，復以自解云耳，同惟長先生作〉，其一爲：「世人鬥豐不鬥槁，瘦而能立勝肥倒。世人相喜不相愁，濁快豈若清煩惱。寒花遒逸花典刑，不與夭喬論繁早。根株虬曲幹橫斜，總令無花格也好。山茶肥膩蠻肥紅，蒲柳輕微娼黛掃。孤清妒月婢春雲，白石蒼崖相對老。只將黃髮領芳菲，忍令高姿伴花草。山中夜逢萼綠華，騎著幺鳳上青昊」(《錢校》，卷 28，頁 915)，仍是藉詠梅以自明心境，梅開不暢、槁瘦稀疏、「不與夭喬論繁早」的景象，恰似人間品格高雅、甘於澹泊的謙謙君子。而這就是中郎當時的懷抱所在。

範的認同，兩者不能取得平衡，既要回家休憩，又不願被制約，日子就不閒適了。他給〈陶周望宮諭〉的信中，就明白訴說家居的無奈：

> 家父迫弟出，而弟懶於世事，性辟而疏，大非經世料材。弟又生計減少。數椽殘茅，十畝秫田，已付之妻兒管理、身口自足，無庸勞心仕途。弟客寄村廬，四方道侶分餐而食，雖親戚朋友亦不責弟以常禮，及告以風水田宅，往來酬答之事，弟公然一方外人也。然弟尚以爲苦。出門雖敝衣踉蹌，人必指曰某官人。數日一見妻子，或告曰：某籬落壞，兒子某廢學。當中有不解事者至，言及鄉里間不平之事，未免動念。若一離家，併前數事亦無，眼中得不常見爛熟人，雖俗亦快也。(《錢校》，卷 18，頁 1238)

父親對功名的熱衷，是他最大的壓力，上信作於萬曆二十九年（1601），〔註 7〕八月間才迎回伯修靈柩，〔註 8〕十月才祔葬祖母余氏（《錢校・余大家祔葬墓石記》，卷 39，頁 1177），正值多事之秋，這位一生沒中過進士的老先生還要急著逼他上京復職，若是尋常時日，家中平安無事，不到四十歲的他，想要告官隱退，恐怕也圖不得清淨，何況他們兄弟三人對傳統的孝道倫理，又都堅守不移，想要藉口拖延，還得硬下心腸。

其次，請假家居，收入減少，影響家計。雖然中郎認爲「數椽殘茅，十畝秫田，已付之妻兒管理，身口自足，無庸勞心仕途」，不過這種思考，是將物質需求減至最基本的層次，若稍有盜賊、饑饉、水患、朋從往來等意外，恐怕就要不足了，因此，數日一見妻子，說的是「某籬落壞」之類叫窮的話，

〔註 7〕關於父命逼迫之事，亦見於〈黃平倩庶子尺牘〉（《錢校》，卷 42，頁 1231）、〈蕭允升庶子尺牘〉（同前揭書，頁 1240）、〈答薛左轄尺牘〉（《錢校》，卷 43，頁 1267）、〈潘茂碩尺牘〉等處。（同前揭書，頁 1271）

〔註 8〕小修《珂雪齋集・告伯修文》首言：「萬曆庚子十一月初一日（自按：萬曆二十八年，1600）弟中道謹修治齋茗，撫膺大叫，告于亡兄伯修先生之靈」，末段又說：「今弟以臘月初三日往迎靈柩……途中願我兄保佑扶助，無逢災患」等等，（卷 19，頁 787、789）又中郎〈途中懷大兄〉詩有「傳聞四月終，白旐出淮泗。余也偕諸衲，奔帆如雲駛……十日抵瓜儀，南北舟相次」語（《錢校》，卷 26，頁 872）、〈將抵家園作・伯修柩方歸〉詩言「嶽月隨歸夢，蘆風作苦聲」，（《錢校》，卷 26，頁 878），知歸時已入秋，〈八月六日舟中，憶去年此日，與大兄都城歸義寺別，泫然念及大姑……〉其二言：「聞說南中也破顏，幾回夢上九華山，而今恰走南中路，不是生遊是死還。」（1601）（《錢校》，卷 26，頁 877），綜上所列，可知伯修靈柩，係由小修於萬曆二十八年十二月往北京迎運，返抵公安已是二十九年八月。

自己穿的也是破舊的衣服而已，這種父權傳統的家庭使命，輕易卸得了嗎？再者，沒有政事騷擾，雜務煩惱仍然不斷；聽說鄉里不平事，未免動念……人在江湖，固然免去魏闕之苦，江湖卻自有一套難以擺脫的束縛。這是逃官隱居的無奈，難怪陶石簣稱他：「有大心腸以玩世，有硬心腸以應世，有窮心腸以忍飢。」（《珂雪齋集・中郎行狀》，卷 18，頁 759）

問題是：何以如此無奈，他仍選擇賦閒家居呢？關鍵在於對死亡的過度恐懼，尤其在閱盡宦海險側，伯修勞瘁而死的震撼，在他看來：作官無異是加速奔向死亡，相形之下，逃官隱居對道行的考驗，就顯得無足輕重了。

因此，承接萬曆二十五年（1597）以來，思想的內斂傾向，而更趨於靜寂，前一階段主張持戒、讀書，尚且安於吏隱的狀況，這個時期是拒絕作官，拒絕騷擾——不耐煩瑣，不理是非，蔬食三年，〔註 9〕料理佛經，〔註 10〕窮極幽邃，試圖讓自己隔絕於塵網之外，避免生命一再的受到驚擾，影響道業的修持。何況「官有友而不暇，家則暇而孤，唯遊可兼得之」，他非但隱退，同時採用浪遊的方式逃家，他在給蕭雲舉的信中，清楚的道出這段生活的實況：

> 菴居柳浪湖，長楊萬株，柏千本，湖百餘畝，荷葉田田，與荇藻相亂；樹下爲團瓢，茶瓜蓮藕，取給有餘。弟又不常居鄉，纔了匡山，便入太和。解夏後，入衡嶽，遇緣則住，不則去，亦足以樂而待死矣。知兄信我，漫一及之，不可爲不知者道也。（《錢校・蕭允升庶子》，卷 42，頁 1240）

這番話看似尋常，卻是「不可爲不知者道」，大概有人質疑他遊山玩水有違修道的決心，殊不知這種生活方式，是他基於學道的考慮，所作的抉擇。〈答陶周望〉一信，爲自己看似頹廢的行徑，作了說明：

> 藻來，具知眞切矣。山居頗自在，舍弟近亦喜把筆。閒適之時，間亦唱和。柳浪湖上，水月被搜，無復逼處。往只以精猛爲工課，今

〔註 9〕中郎萬曆三十年（1602），作詩〈余蔬食三年矣，偶因口饞，遂復動葷，輒爾有作，用呈諸衲，不獨解嘲，兼亦志愧云爾〉（《錢校》，卷 28，頁 934），大概自萬曆二十八年至三十年間斷葷。小修《珂雪齋集・遊居柹錄》亦載此事，不過開葷之舉，係迫於父命，而非口饞之故。（詳卷 9，頁 1319）

〔註 10〕萬曆二十九年（1601），中郎〈答王以明〉尺牘，提及：「時方結夏，料理《楞嚴》宗旨，故未暇作文字業耳。」（《錢校》，卷 42，頁 1244）小修《珂雪齋集・宗鏡攝錄序》也言及柳浪閒居，日誦貝葉經典及整理《宗鏡》事。（卷 11，頁 518-519）

> 始知任運亦工課。精猛是熱鬧，任運是冷淡，人情走熱鬧則易，走冷淡則難，此道之所以愈求愈遠也。弟學問屢變，然畢竟初入門者，更不可易。其異同處，只矯枉過直耳，豈有別路可走耶？據兄所見，則從前盡不是，而今要求個是處，此事豈可一口盡耶？今日如此，明日又如此，纔有重處，隨即剿絕。今日之剿，在明日又爲重處矣。遊山若礙道，則喫飯著衣亦礙道矣。如此則兄眞如陳同甫所云，雖咳嗽亦不可者。道實礙人之物，人亦何用求道耶？（《錢校》，卷 42，頁 1244-1245）

「任運」「走冷淡」是當前學道的重要工課，大概回首來時路，覺得無非在官場人事、田宅子女打轉，在世俗名利場中奔競不休，大限一到，一切俱爲幻滅，他一向羸弱，伯修殷鑑不遠，怎可不加緊努力，爲自己早辦資糧，好往生淨土？因此，他一再強調：「某近來始知損事之樂，所謂損事者，非獨人事，田宅子女皆是也。」（《錢校．龔惟學先生尺牘又》，卷 42，頁 1233）

此處「任運」可以有幾個意涵：第一，知變、能變、篤守善道。學問要成長，必須知幾屢變，一有不妥，隨即剿絕。第二，成長是漸變而非突變，入門既正，志意堅定，一切工夫的不同，都是任運矯枉，是過程不是定論，不宜作是非論斷，絕無「從前盡不是，而今要求個是處」之理。這兩個論點都是悟道之語，不過在這個階段，任運還包括勘破一切價值成規的執著，順應自我主觀的抉擇，如此，可以冷靜的自我檢省，看清楚生命素朴無華的本質，所以說要「走冷」，若人情之「走熱鬧」，「以精猛爲工課」，則失之執著，無法任運了。可見，他學問的路向，仍然在證立本心自性的清淨，因此，友人王贊化指他此際是「頓除漸修」，他要以《楞嚴經》語：「一迷爲心，決定惑爲色身之內」反駁；（《錢校．陶周望宮諭尺牘》，卷 42，頁 1239）；不過，執著於清淨安樂，卻將自己孤立於生命的道場——生活之外，生命同體大悲的著力點也喪失了。

第二節　入德山後的思想化境

幸而這個「苦寂」階段，大約只持續兩年的時間，萬曆三十一年（1603）左右，他又另有所悟了：

> 白、蘇、張、楊，眞格式也；陽明、近溪，眞脈絡也。近有小根魔子，日間挨得兩餐饑，夜間打得一回坐，便自高心肆臆，不惟白、

蘇以下諸人遭其擯斥，乃至大慧、中峰，亦被疑謗。此等比之默照邪禪，尚隔天淵，若遇杲公，豈獨唾罵呵叱而已？弟往見狂禪之濫，偶有所排，非是妄議宗門諸老宿。自今觀之，小根之弊，有百倍于狂禪者也。小修舊見弟如此商榷，亦以弟爲莽蕩，今不復然矣。弟不敢自謂已證，然路頭決不錯走，宗門與教，原自別派。永嘉云：「聞說如來頓教門，恨不滅除令瓦碎。」如今小根所執㡧，而悅之者如蛆，寧復可恨，近溪而下，眞可恨者也。（《錢校・答陶周望》，卷43，頁1253-1254）

萬曆二十六年（1598），思想轉趨內歛之後，他嚴厲的批評狂禪：這時卻認爲「小根之弊，有百倍于狂禪」。小根之人的特色是：「日間挨得兩餐饑，夜間打得一回坐，便自高心肆臆」，妄加疑謗，相對於狂禪的撥弄因果、落入解坑，小根則是拘執戒行、昧於本心，學佛者如此；而學儒者自陷於禮儀規範執著於小信、小諒、良知不顯，亦相近似，所以說「近溪而下，眞可恨也」。

批評的對象看似小根之人，同時也是對自己過往的省思，他在給友人的信中，對於這段療傷止痛的行徑，有深刻的反省：

山中蒔花種草，頗足自快。獨地朴人荒，泉石都無，絲肉絕響，奇士雅客，亦不復過，未免寂寂度日。然泉石以水竹代，絲肉以鶯舌蛙吹代，奇士以蠹簡代，亦略相當，舍此無可開懷者也。此近日未盡習氣也，遇有道者，不得不暴，以希懺悔。（《錢校・蕭允升祭酒》，卷43，頁1254）

羅近溪曰：「聖人者，常人而肯安心者也。常人者，聖人而不肯安心者也。」此語抉聖學之髓。然近溪少年亦是撇清務外之人，故已登進士，猶爲僧肩行李；已行取，猶匿山中。後來經百番鍛鍊，避之如毒蛇，仇之如怨賊，而後返吾故吾，故吾出，而眞聖賢眞佛子出矣。此別傳之正脈絡也。弟少時亦微見及此，然畢竟徇外之根，盤據已深，故再變而爲苦寂。若非歸山六年，反復研究，追尋眞賊所在，至於今日，亦將爲無忌憚之小人矣。夫弟所謂徇外者豈眞謂借此以欺世哉？源頭不清，致知工夫未到，故入於自欺而不自覺，其心本爲性命，而其學則爲的然日亡。無他，執情太甚，路頭錯走也。（《錢校・答陶周望尺牘》，卷43，頁1277）

狂禪而好行小慧，是徇外；持戒、讀書、逃官、逃家、蒔花種草、撇清務外，是苦寂；總而言之，都是源頭不清，致知工夫未到，習氣未盡。而論其緣起，不過是「執情太甚，路頭錯走」，狂禪執著於絢爛繁華，撇清務外執著於冷淡、苦寂，都是錯走路頭。以冷淡、苦寂自許，執著於本心的清淨，充其量不過是個自了漢而已。陽明、近溪是眞脈絡，近溪而下就爲可恨的道理也在此。因爲陽明之學重在指點良知、逆覺體證本心的存在，近溪則更進一層，在此前提下，教人在日常言行舉止中，戒愼恐懼，切切實實的體現良知，這種中庸平常的實踐工夫，中郎座師焦竑就有意見：

> 達磨西來，直指見性成佛，佛門無上菩提，孔門語上的指。老師甚深微妙，意將逢人飲以醍醐，今且平平純以「孝」「悌」「慈」立教，只爲二乘說法。昔孔聖於中人以上語上，即不於中人以下語下也。子意云何？（《盱壇直詮》，卷下，頁 222）

認爲近溪在本心性體的提示太少，而討論倫理道德實踐的工夫處，著力過多，疑似「只爲二乘說法」，這原是近溪之學的特點，但是博學如焦竑，尙且不免生疑，小根小器者，要掌握近溪之學的綱維脈絡，就更不易了，難怪要流於拘守孝、悌、慈等倫理規範，誤以爲修身、齊家即便是聖人境界。這種行徑和中郎此時的生活型態，恰好相類似，他的證悟，暗示生命已走出止痛療傷的陰影，下個階段，他將重新開始。

萬曆三十二年（1604），他的生日作品〈甲辰初度〉，便是另一種生命風貌的展現：

> 偶然臨水見蒼顏，且喜安身紫翠間。老去無心防白髮，眾中開口問青山。文書狼藉恣情看，賓客逢迎學語閒。三十七年恆河眼，試觀那似舊潺湲。（《錢校》，卷 32，頁 1052）
>
> 〈其二〉
>
> 閒花閒石伴疏慵，鏡掃湖光屋幾重。勸我爲官知未穩，便令遺世亦難從。樂天可學無楊柳，元亮差同有菊松。一盞春芽融雪水，坐聽遊衲數青峰。（同前揭文）〔註 11〕

一向恐懼死亡、感傷時間飄忽的他，卻以惜福的心情，面對歲月雕手的刻畫——蒼顏白髮，回首往事，也是「三十七年恆河眼，試觀那似舊潺湲」，有一份既無風雨，也無陰晴的超脫，因此，閒花閒石雖好，性情依然差同淵明，

〔註 11〕此篇爲四首組詩，此處所錄爲一、二首。

卻開始萌生復出的念頭，「勸我爲官知未穩，便令遺世亦難從」，雖然心裡仍有交戰，卻標識著走出自了漢格局的期許。同時他給〈黃平倩〉的信中，也表露這種思考：

> 弟近日此心眞死矣……此事只求安心，便作官也好，作農夫也好，作儈兒市賈亦好。《雜花》五十三知識，單明此義，如王、趙諸公，以儒而濫僧，皆走別路者也。凡事只平常去，不必驚群動眾，纔有絲毫奇特心，便是名根，便是無忌憚之小人，反不若好名利人，眞實穩安，無遮攔，無委曲，於名利場中作大自在人也。（《錢校》，卷43，頁1259）

自在就是心安，心安就是順勢而爲，以平常心看待，不刻意造作，爲官可，務農也行，作儈兒、市賈亦無不可，絕不是遯居山林方才自在，如此詮釋，仍然是順著內歛、收攝的思想趨勢發展，意涵則更加豐富、深刻，其中有儒釋的擔荷思想，有道家的逍遙任運，又有佛家的清淨智慧。

於是萬曆三十四年（1606），他復出作官了，雖然與朋友書信往來，常提到其中原因大致有三：其一，「山居既久，與雲嵐熟，亦復可憎」（同前揭書，〈潘茂碩尺牘〉，頁1272），或「村鄉自乏人與語」等（同前揭書，〈顧升伯宮允尺牘〉，頁 1255），長久離群索居的單調生活，所造成壓力的調解。其二，爲貧而仕，「饑寒所迫，亦時有元亮叩門之恥」（同前揭書，〈劉行素儀部尺牘〉，頁 1263），只好爲五斗米折腰。其三，「大人頻以爲言」（同前揭書，〈蘇潛夫尺牘〉，頁 1273），迫於父命，只好勉就官業。而這些都是外在的助緣，主要的原因，是小修〈中郎行狀〉所言：「先生居山六年，自覺入眞、入俗綽有餘力，而大人亦冀其一出，以結世局。」（《珂雪齋集》，卷18，頁759）從他後來任職吏部通達兼濟的表現，堪作檢証。〔註12〕

自萬曆三十一年至三十八年（1603-1610）中郎逝世，前後長達八年，思想發展的脈絡大抵如此，小修綜述他間晚年思想說：

> 自己酉冬庚戌春、秋半載，（自按：萬曆三十七至三十八年，1609-1610）時時聚首。論學，則常云須以敬持，以澹守。論用世，

〔註12〕事詳小修〈中郎行狀〉（《珂雪齋集》，卷18，頁759-762）及李健章〈袁中郎行狀箋證〉（《袁宏道集箋校志疑》，頁253-288），當時中郎的表現，於公則勇於任事，舉凡懲奸立法、調停堂屬、主試秦中、拔擢清流等皆著有功效；於私則仍與法侶相證以道，或以水聲林影相娛，的確是「入眞入俗，綽有餘力」。

則常云須耐煩生事、厭事等病。論詩文，則常云我近日始稍進，覺往時大披露，少蘊藉。此則弟獨知之，而凡所日新而不已者也。不息者道，無盡者生，經歷諸位，磨鍊習氣。天上人間，隨意寄託，何憾，何憾！（《珂雪齋集·告中郎文》，卷 19，頁 796）

主張持敬、守澹、凡事耐煩、務期磨鍊習氣的中郎，顯然已積澱了相當道力，再不作業逐緣起、任意揮霍生命的行徑了。萬曆三十五年（1607），他在〈與黃平倩〉信中也自道：「自入德山後，〔註 13〕學問乃穩妥，不復往來胸臆間也。」（《錢校》，卷 55，頁 1601）

入德山事，即萬曆三十二年（1604），秋天的桃花源之行，當時他尚未復仕，學問思想的自信，已然建立，此後雖又復出，凡所言行抉擇，都是此一思想的踐履。觀察晚年階段的學問特色，大抵可從三方面來討論。

一、匯通三教

晚明士人對三教的認知或有不同，兼收並用、委曲匯通的態度，則爲一致，中郎的雜學性格，即是當代文化氛圍具體而微的表徵，萬曆二十六年（1598）疏解《莊子》，作成《廣莊》，就已試圖透過匯通三教，凸顯孔子儒學地位，尋找自我安頓之道，當時匯通的重點有二，其一、「位天育物，總是教體」。聖人之道就是要治世。其二、「我相盡即道，人相盡即教」，要消解我執我相等分別意識（詳第四章第二節）。這樣的思考，既非學術思想脈絡的分疏，也不全然是生命實踐自証自悟的智慧，更大的因素是生命在驚悸失措、困頓煎熬之際，敷衍一套爲自己出處合理化的藉口，因此，萬曆二十八年伯修猝逝後，（1600）才會捨聖人治世之道，逃官逃家轉趨苦寂。

這個階段他再度匯通三教，著眼處也不是基於學術義理的考量，而認爲「一切人皆具三教」：

餓則餐，倦則眠，寒則衣，此仙之攝生也。小民往復，亦有揖讓，尊尊親親，截然不紊，此儒之禮教也。喚著即應，引著即行，此禪之無住也。觸類而通，三教之學，盡在我矣。奚必遠有所慕哉？（《錢

〔註 13〕同行者爲僧寒灰、雪照、冷雲、諸生張明教，當時論學的紀錄爲《珊瑚林》，是觀察他晚年思想的重要依據。據無咎居士馮賁說：「石公先生《珊瑚林》，楚中張明教所錄，先生自擇其可與世語者爲《德山暑譚》梓行矣。」（《珊瑚林·跋》，葉 1），《德山暑譚》收於《錢校·瀟碧堂集》（卷 44，頁 1283-1300）改稱爲《德山麈譚》，所錄各則文字與《珊瑚林》大同小異。

校・德山麈譚》，卷44，頁1290）〔註14〕

將義理上的嚴肅命題，透過日常生活中庸言庸行的譬喻，淺顯的說明三教本自匯通的道理，這種不必匯通的匯通方式，就是生活應用角度的思考。因此三教異同，可以置之不問，三教可以相濟，卻不可不知，這也是他一貫的思考脈絡，不過是多一番體証，言語間別有一種親切、細膩的感覺。

其次，再度匯通三教，儒學精神才眞正落實爲人間修行的最高理想，《珊瑚林》上卷以辨析《大學》「格物」之旨開篇，就是此一思想發展的具體展現：

> 《大學》所謂「格物」乃徹上徹下語，紫陽謂窮至事物之理，此徹下語也，殊不知天下事物都是知識到不得者。如眉何以豎：眼何以橫，髮何以長？鬚何以短……此等可窮至乎？此徹上語也，求知物理，如蛾趨明，轉爲明燒，日下孤燈，亦復何益？（葉1）

> 問妙喜言：「諸公但知格物，不知物格，意旨何如？」答：「格物、物格猶諺云：我要打他，反被他打也，今人盡一生心思欲窮他，而反被他窮倒，豈非物格耶？」（葉2）

> 下學工夫，只在格物，格者窮究也，物即意念也……窮究這意念從何起？從何滅？是因緣生？是自然生？是眞的？是假的？是主人？是奴僕？如此窮究，便名格物，此格物即禪家之參禪也，到得悟了時便名致知，物即是知，叫做誠意，知即是物，叫做正心，故一格物而大學之工夫盡矣。（同前揭文）

以上三則涉及作者的天道論與工夫論，論述形式以《大學》爲架構，強調「格物乃徹上徹下語」，「天下事物都是知識到不得者」，就標識天道，爲一內容性的普遍眞理，而非爲客觀知識性的外延眞理，道德內容的眞理，特別強調即用見體，修行的工夫，就必須即格物即致知，下學而上達，所以是「徹上徹下語」。然而此一天道的意涵如何？他對格物的詮解，可以作爲觀察：如「眉何以豎？眼何以橫」不可窮致，是「徹上語」，格物是「窮究意念從何而起？從何滅？是因緣生？是自然生？是眞的？是假的……」等同於禪家「參禪」，諸如此類的思考，天道、天理的性格，偏重在自然、因緣假合層面上的理解，悖離儒家創造意義的特質，這和他所說：「陽明、龍溪謂儒釋有毫釐之辨，亦

〔註14〕此則《珊瑚林》載爲：「客有好玄學者，先生示之曰：一切常人三教俱備，遇飢喫飯，遇倦打眠，遇熱舉扇，遇冷加衣，此玄也。何必遠有所求哉？」（卷上，葉1）文字略有異同。

指其施設處異耳，非根源有殊也」（卷上，葉 2）理念一致。同時也反映作者主觀的匯通意圖，原來就不在於辨章學術，考竟源流，但是援禪釋儒的論述架構，則凸顯儒學在性命思想中的分位，他匯通《中庸》與禪家之旨，也是如此：

> 問《中庸》首章與禪家宗旨合否？答：了此一章別無禪宗可學，蓋天者對人而言，凡屬見聞思慮皆人也，情識不到，不知其然而然是謂天命也，即此謂之性能隨順，這不落見聞思慮的便謂之道，修此不落見聞思慮的便謂之教。（同前揭書，葉 3）

雖說以「自然」詮釋「道」與「教」的觀念近於禪家，禪家之旨卻不過是《中庸》首章數語，儒學的主流地位可見一斑。抑且，「自然」雖近於佛老之旨，事實上是三教共法，何況在當時思想界瀰漫種種矜奇好異、故步自封矯揉造作的歪風，強調「自然」，既是匯通之道，也是對治良策。此理雖發自《廣莊》，至此才見透徹之悟，前者意在破除狂禪之病，後者則不落兩端，一切違反自然者皆在反對之列，更精確的說：是回歸到生命最朴質的本色。

匯通的另一種方式，是依道家的模式從境界層面詮解清淨無爲的意涵：

> 問：二氏之學清淨無爲，出世可矣，似不可治世。答：世、出世法，豈是兩事？如今做官的奚必不打人，不罰人，攙叫無爲，謂百姓有犯者來，則治之，不犯者聽其自然，勿生事擾民，此即是清淨無爲，豈不能致太平？（同前揭書，葉 9）

依他看來以爲「清淨無爲，出世可矣，似不可入世」；是黏著於形迹的想法，「捨離」在心念境界，與出處進退無關，所以說「世、出世法，豈是兩事」，這與對修慧看法的轉變一致，早年惑於一超直悟，以知解爲慧，改官北京後，以持戒攝心得慧，隱居柳浪之初，則變本加利，以苦寂之定修慧，至此，反而批判「以定爲定」，並非究竟，「主張不必閉目靜坐方爲定也。」「《華嚴》所論入定，則以慧爲定者也。蓋所謂定者，以中心明了，不生二念爲定。」（同前揭書，葉 11）

「以慧爲定」修行的道場就在人間塵俗，要在紛至沓來的猥猥瑣瑣中，耐煩不起煩惱、不生二念，所以說：

> 知法常無性即慧足，佛種從緣起即福足，知性無性，所以不斷一切法，是謂從緣起也。二乘遺緣，故折色明空，一乘卻不然，蓋一切法，各住在空位，世間相即是常住，無緣非法，安用遺緣，此大慈

所以訶焦穀也。（《錢校·德山麈譚引》，卷 44，頁 1285）

「法常無性」一切皆因緣生，「無緣非法」，修大乘佛種者的不二法門，就是隨緣，若有趨避就是二乘之流而已。中郎修的是大乘，常說：「佛法不可以塞情去念得也」（《錢校·題寒灰老衲冊》，卷 41，頁 1221）、「《楞嚴》諸魔皆從閉眼塞耳中來。」（《錢校·明教説》，卷 41，頁 1229）

依他看來，儒、釋、道三家之學，都意在救世，行仁於天下：

今之所謂仁，竊惑焉。彼以爲治世之外，別有一種性命之學，其説莽蕩而無歸，而稽之實用，若覓鳥迹於空，而求風痕於水也。其懶慢不耐世教者，則又曰吾姑且爲二氏。夫老子曰：「以道治天下，其鬼不神。」又曰：「我無欲而民自正」而佛亦切切然以度眾生爲事，聲聞趨寂而避囂，佛甚呵之。二氏之學雖偏，然亦何嘗舍人以爲仁也？夫舍人以爲仁，則就其舍之時而心已枯，是猶欲種桃而先焦其核者也。（《錢校·策第三問》，卷 53，頁 1516）

此種詮譯以「仁者愛人」概括三家之旨，並非他不能分辨其間的異同，而是將「仁」視作「道」，各家不過是提供一套通往「道」的法門而已。換句話說，愛人治世都是「道」的範疇，都是性命之學的課題，修道者怎能「舍人以爲仁」？如此一來，三教之學自然都是世間法，根本沒有出世、入世的分際，道家「以道治天下」，菩薩道講「無生法忍」，爲利益眾生不斷煩惱，就是儒家入世精神的展現，雖然儒、道只論當世，佛家則更強調累世修行，而無論如何都要珍惜當世，漸修漸磨以至於至善。這就是他雖然學佛，也要再度復出以結世緣的緣故。他去世前一年——萬曆三十七年（1609），自道學問的旨歸便説是：「以儒爲佛事，借孔續瞿曇。」（《錢校·秋日幻影庵同汪師中、龔散木、黃竹石、弟小修、兒子彭年送死心，得三字》，卷 47，頁 1404）

不過就生命安頓的直接受用而言，他與佛家比較相契。早年學禪雖流於狂慧，總算找到路頭；信仰淨土後，持戒攝心、狂心頓歇；晚年攝淨歸禪，即定即慧，仕以行志，又能耐煩任事，心情平和。可知：學佛是他性命之學的大脈絡。儒學對他的影響，早年時期，體制價值成規的權威象徵居多，性命理想的寄託較爲不足；晚年與佛道對話，才彰顯其爲性命之學的本質。形成儒、釋、道互補的思考結構。〔註 15〕

〔註 15〕中郎主張三教合一，但於佛、道匯通問題，並未作討論。從佛學本土化的起源而言，佛家緣起、性空，衍生出來的無常、無法、不執著的觀念，與道家

二、工夫論的強調

著重三教互補的功能，而不理會其間本質上歧異的思考，工夫論就成了匯通論述的重心，因此，整卷《珊瑚林》幾乎就是一部工夫論。工夫論的理念源自本體論，本體論則本諸天道觀，天道是「情識不到，不知其然而然」，是自然如此，天命之本體也是要「性能隨順這不落見聞思慮」，而工夫論則是在「修此不落見聞思慮」（詳卷上，葉3）

至於「不落見聞思慮」的意涵如何？恐怕要經過一番體驗，方能見得透徹，中郎是過來人，因此，對各層級的看法，有清楚的辨析：

> 自然而然此老莊所證的乃第七識事，若夫豎窮三際，橫亙十方，空空洞洞，連自然也沒有，此則第八識事，今參學人所執自然的，所執空洞遍十方的，又非七、八二識，乃第六識緣想個自然空洞的光景耳。（同前揭書，葉10）

此處依瑜伽行派學者——世親的唯識思想，將心靈活動分爲八識三類，從三類能變——第八阿賴耶識、第七末那識、前六識的角度，釐清「不落見聞思慮」的意涵，最高境界是第八阿賴耶識的境界，阿賴耶識是宇宙萬物創造的總根源，既能生天生地，復又眞常不滅，因此，修行的終極目標必須是虛靈善變、不假思慮，自然的合目的性。相形之下，老莊的「自然而然」，意在消解現實人生中種種「負累」，仍然是「分別見」，先預設「自然」爲人生最高的價值標準，執以批判人間的形迹，仍是我執——執於「不落見聞思慮」，所以相當於第七末那識，依阿賴耶識而生起，是有生滅的。至於沒有實修實證，卻又喜愛稗販聖人遺言的人，「自然」境界是由見聞思慮而來，不免是畫虎類犬，等而下之摸不著邊了。

因此，修道而曰：「空空洞洞，連自然也沒有」，絕非原始第一義的「自然」，必須是透過一番人爲造作，再現的第二義「自然」，他辨別聖凡之分即說：

> 問：聖人率性，凡夫亦率性，何爲有聖凡之分？答：凡夫率情非率性也。曰：凡夫亦是不學不慮之良，何謂率情？曰：能見性雖千思萬動，皆不學不慮。未見性，雖百不思百不爲，亦是學慮。（同前揭書，葉5-6）

自然、無爲思想匯通，是佛家思想得以流行的切入點，這個問題在魏晉時代已充分論述。因此，標舉三教合一，論述重心則擺在儒、釋二家。

凡夫「率情」不學不慮是第一義的「自然」，聖人「率性」是千思萬動、亦學亦慮中展現的境界，此即第二義的「自然」，但既經人爲造作，則已落入思慮分別，如何即人爲而有自然，非漸修漸磨至於見道，以心領神會，殊難言傳，這也是他必須在工夫論上嚴辨分際的重要因素。

綜括他晚年論述修道工夫的重點有三：

（一）就本體論工夫：

他認爲就本體論工夫是修道的根本：

……不在見聞上作工夫，是謂戒愼恐懼，夫此不睹不聞，乃獨立無對待者，人以爲極隱微，不知是最見最顯的，蓋人只知見聞之爲見聞，而不知見本非見。聞本非聞，此獨也。（《珊瑚林》，卷上，葉3-4）

問：堯兢兢舜業業何義？答：堯舜兢業乃身爲天子，恐一念有差，貽萬姓之憂也，若論本體工夫，則戒愼不睹，恐懼不聞，是眞兢業。大抵世人只在睹聞上戒懼，如要做好事、做門面皆是也；試細思之：吾人那一事不在要人睹聞？求其用功于不睹不聞者鮮矣。（同前揭書，葉5）

《華嚴》一經總是一箇毗盧遮那佛之全體，文殊爲眼，普賢爲足，彌勒爲身，合成一箇毗盧遮那佛。善財五十三參至彌勒而止，獨不參釋迦佛，何耶？以釋迦即毗盧遮那故。（同前揭書，葉10）

《維摩經》以直心、深心爲首談，蓋直心、深心是修行基址。若無這個即如虛空無宅地矣。（同前揭書，葉23）

第一、二則所謂在不睹不聞處戒愼恐懼，是《大學》「愼獨」的觀念，第三則以「總是一個毗盧遮那佛」——法身佛，概括《華嚴》之旨，都與第四則意旨相同，將本體視作修行基址，修道要從本體處著眼。

基於這個理念，《珊瑚林》中，有許多辨析本體與念頭的篇章：

小修云，予見某執情念初起，名第一念，某執好念頭爲本體，夫好念、惡念總不離念，念頭初起，獨非念乎？總之，與本體不相干。（同前揭書，葉40）

……夫不參禪而求正念現前者，修至精明湛不搖處止矣，然總是根塵邊事，惟方悟根源，則那伽常在定，正念時時現前矣。（同前揭書，

葉41）

參禪——格物致知以「透悟根源」，（詳同前揭書，葉2）方是在本體上作工夫，若只求「正念現前」而不參禪，卻是與本體不相干，套用陽明四句教的觀念——無善無惡心之體，有善有惡意之動，知善知惡是良知，爲善去惡是格物——加以解說，中郎就本體論工夫，事實上仍是要強調學道的「實踐」性格，貫徹本體覺性的作用，正念、妄念都是意之動，流轉不定，不可把捉，因此，唯有確保本體覺性，才能由本貫末，正念時時現前，否則，即使「修至精明湛不搖處止矣，然總是根塵邊事。」只不過融入佛家清淨、自然的思想，更強調本體無善無惡的特質而已。他從「如是」「不住」的角度，詮解「克己復體爲仁」的思考模式，便是如此：

> ……道體自是如此，著力不得，《金剛經》問：「應云何住？云何降伏其心？」即「應如是住，如是降伏其心」，即「克己復體爲仁」，「不住色布施，不住聲香味等布施」即「非禮勿視、聽言動也」。（同前揭書，葉3）

「如是」「不住」都是就本體「隨順自然」「不知其然」的特質，說明修行工夫。

（二）下學而上達

就本體論工夫，工夫論的終極目標，自然是要上達天道，與天合德，「透悟根源」確保本體覺性，是學道的總綱領，在此之下則須有下學工夫，以作爲生活實踐的細則，他認爲下學工夫，盡在一「格物」：

> 下學工夫只在格物，格者窮究也，物即意念也，意不能空起，必有所寄托，故意之所在，即物也。窮究這意念從何起？從何滅？是因緣生？是自然生？是眞的？是假的？是主人？是奴僕？如此窮究便名格物。此格物即禪家之參禪也，到得悟了時，便名致知，物即是知，叫做誠意；知即是物，叫做正心。故一格物而大學之工夫盡矣。
> （《珊瑚林》，卷上，葉3）

格物是要窮究意念的正妄，是返觀內視，自誠其意的工作，其間必然有主體明覺的作用，才得了悟，了悟便是上達天德，正念現前，是致知也是正心，因此，格物和誠意必須是一事，格物才有助於致知，若窮究而不誠，只會淪爲文過飾非的藉口，可見格物之格，取的是陽明「格者，正也」的意思，只是誠正的標準不同，中郎採用的是佛家的緣起觀，與陽明知善知惡的判準有別。不過由格物誠意等下學工夫，而致知、正心上達天德的思考，是三教工夫論共同的主張，因此，中郎說「一格物，而大學之工夫盡矣」，以爲時時正念現前，修齊治平之事，皆可運諸掌矣。

從格物誠意的角度出發，他對似是而非的修行工夫，就有所批判：

> 問：《金剛經》云：「若人書寫一偈，乃至爲人演說一句，皆得阿耨多羅三藐三菩提」，是實語否？答：經云：若爲人演說四句偈等，其福勝彼，何以爲人演說不取於相，如如不動。今人所聽，所讀所寫，皆文字紙墨之相，非眞經也。又云：「若以色見我，以音聲求我，是人行邪道，不能見如來。」即是觀之，則令學人刺血書經，以至枯坐苦行等，皆屬行邪道矣。慧眼未明者多爲此邪道所累，空糜日月，徒費精神，惜哉！（同前揭書，葉 20-21）

> 達磨西來，只剷除兩種人，其曰：「齋僧造像，實無功德。」乃剷除修福者，其曰：「廓然無聖。」乃剷除修禪定及說道理者。（同前揭書，葉 46）

一切修行法門，如聽經、誦經、說經、刺血書經、枯坐、苦行等，若爲了「得阿耨多羅三藐三菩提」──定，或是求福德，依他看來，都是「以色見」「以音聲求」執著事相，誤入邪道，其中無格物致知的懇切工夫，更遑論上達天德，得大智慧了，因此稱不得是「下學工夫」。

此一論述，好像捨棄一切客觀性的知識道理不論，帶有陽明學證立本體的性格，但是觀察他對「克己復禮」的詮解，可以發現其間微妙的變化：

> 夫仁有安利而要於濟世，則一顏氏之學，即克即禮，即歸攝天地於一掬，收位育于當念，不顯篤恭之仁也，天道也。曾氏之學，有軌則，有持循，有漸次，如户之有樞，而車之有軸，禹、湯而下，所以仁覆天下者，皆是物也，人道也。（《錢校・策第三問》，卷 53，頁 1515）

顏淵即克即禮，反躬而誠就是仁，此處仁禮並言，仁是禮的根源，禮是仁的具體展現，就本質言仁禮是合一的，所以顏淵一超直悟，不顯篤恭之仁，這是頓悟而非漸修，是凸顯自我作主的道德直覺，而非對治、矯正的外鑠道德。

可是從現象界而言，禮固由中出，但經化約成一套套的禮儀節文，則又成爲供人學習的聖人經典，曾子之學的軌則，禹湯而下所以化民成俗的教典；此際「仁」不是一旦自覺，就即刻朗現，由心之靈到禮儀節文的熟練，還須不斷學習，漸修漸磨至於胸中無禮儀節文，而自然相契無為乃成。何況人固有貴於禽獸的良知良能，但不免有負面的欲望：

> ……至於子淵，何不直指曰人，而曰克己？曰：世之忍於戕物，而求多不止者，有己故也。辟如有人，四肢和適，不知有身，一旦疾作，眚焉躄焉而吾始有手足，故人至於有其耳目手足者病也。是故有己則有分別，有分別則有町畦，有町畦則有壅閼，而天地之生機乃病。此有識以來最先入之客邪，而伏羲、神農所欲鍼砭而從事者也。（《錢校．策第三問》，卷53，頁1514）

人己對舉，是分別心，是潛意識底層「我執」作祟，我執是一套主觀的價值體系，視此為唯一標準，與之不同者，就會受到排擊。所以說：「有己故忍於戕物而求多不止」，「己」即指人負面的欲望，克己是要節制非禮的欲望，是古來聖王所要鍼砭對治的，既然如此，禮儀節文勢必要學，漸修的工夫則尤不可廢了。

這種思考比較接近羅近溪，近溪之學承自陽明而又另有發揮，他主張克己復禮即兼攝良知學仁禮並言，與新開拓的仁禮二端的觀念，一則肯定道德良知的自覺能力，人因而能見性識仁，言行如禮，再者就人的具體存在而言，主張通過對往聖先賢禮儀節文的考古証今、斟酌損益，喚醒良知仁體，或培養立人達人的專業能力，開啓儒學由內聖走向外王的契機。這種思考係套用《大乘起信論》「一心開二門」的說法，頓悟識仁、即仁即禮，心迷逞欲則藉助禮儀節文轉迷成覺，因此，克己復禮不作克制私欲解釋，而是《論語》「行仁由己」自作主宰之意，只要心恢復明覺狀態，一切私欲、迷惑自然消匿無蹤。（詳《晚明思潮》，頁50-69）

中郎「克己復禮」的意涵雖然與近溪不盡相同，但他晚年對近溪極其推崇，在《珊瑚林》中，屢屢引用他的言論，認為「王文成、羅盱江輩出，始能抉古聖精髓，入孔氏堂，揭唐虞竿、擊文武鐸，以號叫一時之聾瞶。」（《錢校．為寒灰書冊寄鄖陽陳玄朗》，卷41，頁1226）雖然缺乏完整、嚴密的思想論述，從上述顏淵、曾子工夫路向的討論，可以清楚看出近溪兼攝仁禮並言與仁禮二端的架構。他強調「即克即禮」，用意在凸顯仁體的虛靈明覺，仍是採用「行仁由己」之意，先一超直入確定路向。復又另作他解，強調「克己」而不「克人」，則是要人依聖賢典則漸修漸磨，基於這個觀點，他才說：「王龍溪書多說血脈，羅近溪書多說光景」「初學者不可認光景，當尋血脈」

（《珊瑚林》，卷上，頁 29）萬曆三十七年（1609），奉命主持陝西鄉試，還諄諄告勉諸士：「務以積學守正，以求無悖時王之制，士如是即學問，吏如是即經濟，未有二道也。」（《錢校・陝西鄉試錄序》，卷 54，頁 1531）凡此，皆不出近溪「克己復禮」之學的範疇，含攝對客觀知識的重視。

在佛學方面，走的也是這種路向，萬曆二十五年（1597）左右，他開始信仰淨土，駁斥狂禪，發明持戒因緣（詳第四章第二節），隱居柳浪後，更加趨於靜寂，萬曆二十九年（1601），法侶王靜虛曾指他是「頓除漸修」，他在給〈陶周望宮諭〉信中，則極力辯解：

> 靜虛兄恐已歸，所示頓除漸修，大非弟指，不知以何爲修？若云蔬食斷腥是修，則牛羊鹿豕亦蔬也。若云長夜不眠是修，則訓狐蝙鼠亦不眠也。若云一念不起是修，則無想諸外道亦不起也。若云騰騰任運、不著不滯是修，則蛙鳴鳥語，亦騰騰任運也。《楞嚴經》云：「一迷爲心，決定惑爲色身之內。」凡六根可攝持，皆身也；可分疏悟入，皆身見也。所云漸修，不知當從何處著手？靜虛若未去，幸以此字示之。（《錢校》，卷 42，頁 1239）

「心迷則惑」，惑是寄客，心才是主體，仍然是「一心開二門」的思考架構，學道應先悟得主體，一切行持漸修的工夫，才有著力處，所以他否認「頓除漸修」的看法，並且對自己少年意氣矯激的狂態，也不承認是錯走路頭：「弟學問屢變，然畢竟初入門者，更不可易。其異同處，只矯枉過直耳，豈有別路可走耶？」（《錢校・答陶周望尺牘》，卷 42，頁 1244）肯定悟，更肯定知見學習；因此，萬曆三十八年（1610），他對李贄弟子無念的觀感，也重新給予肯定〔註 16〕：「夫使海內人士，無志大乘則已，若也生死情切，則幸及此二老（焦竑，無念）尚在，痛求鍼箚。」若是不能悟入性命主體，而「但欲持戒學語則無事此老鍾鑿矣。」（《錢校・書念公碑文後》，卷 54，頁 1584）都可以看出援淨入禪的思想走向，和他的儒家思維是同一模式——學道是悟、

〔註 16〕無念是中郎法侶，中郎思想轉趨內斂後，於萬曆二十七年（1599），曾去信鼓勵他持戒，語氣甚爲嚴厲：「若公與生全不修行，我慢貢高，其爲泥犁種子無疑，此時但當慟哭懺悔而已。公今影響禪門公案，作兒戲語，向謂公進，不知乃墮落至此耶！公如退步知非，發大猛勇，願與公同結淨侶；若依前只是舊時人，願公一字亦莫相寄，徒添戲論，無益矣。」（《錢校・答無念》，卷 22，頁 778）對他狂禪行徑的不滿可見一斑。三十八年（1610）寫作此文，則說：「余參學二十年，而始信二老，及自謂不至誤人。」推譽甚高，個中原因，就是對援淨入禪思想的相契。

修並重，仁心本體必須發用，禮儀節文等生活知能，亦不可偏廢，那麼，論下學工夫而以一格物、誠意概括，是論語「人而不仁如禮何？人而不仁如樂何？」之類，基於本質性的考量，雖不黏著在各項施設上理解，實則是對中性的客觀知見的提攝。

（三）心法為上

修道必始乎「學」，藉著聖賢經論以下學上達，因此，學道求法必然會積聚道理知見，中郎認爲這是階段性的方便之策，不是修行的最高法門：

> 先生問學人云：汝今工夫比初出家時有進益否？答云：有之。先生云：汝須依然如初出家時便好。學人未解。先生云：汝初出家，赤手空拳無些子佛法，如今學了許多佛法，譬如不識銀子的人，積了許多錫錠子，封在匣中，算計拏去買田置地，到成交開封時，方知是錫沒用；汝至臨命終時正是用銀子時候，那時方知，纔悔所學佛法是假的，不能濟事。故初學道人不得些錫錠子，不肯歡喜去求，及用工久了，卻須把從前所積聚的一一拋棄始得。小修云：參禪人自家一箇心不知是箇甚麼的樣子，何等要緊，乃捨此心，而在經論道理上求，失策甚矣！（《珊瑚林》，卷下，葉 3-4）

在此他提出三個觀點：其一、習得的佛法是假的，不能濟事；其二，學的最高法門是心法。其三、心法是從積聚的佛法中來。這是遮撥的言說方式，習得的佛法何以是假？因爲其中有「所知、所能的道理，及所偏重習氣，所偏執工夫」（同前揭書，葉 21）是情識作用，而道「情識不到，不知其然而然」，展現的「不落見聞思慮」的實踐性格，卻只能隨順因緣遇合，以一理因應，若拘執成見，事前預設，執定法、定理僵化以對，無契於機緣，非但不能濟事，反成禍害，所以說：「瞿洞觀謂：五十種陰魔，皆起於自，自即我相，故經中只教人除我相。」（《珊瑚林》，卷上，葉 17）佛法是聖賢經論，展轉異化，遂成假物，關鍵即在我執、我相爲崇，不能契機。

「法」能契機，必然是彌天蓋地、不遺一事，而善於隨順，此則非去除我相，發顯自家清淨無爲的心莫辦，所以小修才說「自家一個心」「何等要緊」，「捨此心，而在經論道理上求，失策矣！」無非點明「心法」才是學佛的無上法門。而「心法」完整的修爲過程如何？以心爲法，與在經論道理上求得的佛法關係如何？兩者只是單純的眞假之別嗎？

事實上，佛法在聖人即是心法。初學者才必須勤勤勉勉、努力在經論道理上求，本無眞假可言，但道力不足，我相未盡，遂致有眞假之別，因此，中郎並非反對道理知見的學習，而是「及用工久了，卻須把從前所積聚的一一拋棄」，那麼，何以既要積聚，又要拋棄，拋棄之後「始得」眞法？所謂「拋棄」？實則爲一轉識成智的超越作用，積聚的佛法在學者不脫情識作用，情識造作無與於生命剎那一機的實踐，但若藉著下學上達的工夫，不斷累積心性本體的道力，逐漸去除我執、我相，回歸自性清淨無爲，有眞人而後有眞知，積聚的佛法才能被隨機點化，還原其隨順無爲——無自性的性格，所以他解釋經論道理常提醒學者：「此中有活機，不是執定死本的。」（同前揭書，葉 12）、「是藥語，亦是病語。」（同前揭書，葉 30）、「學佛法者，止可學其本宗，不可襲其行事。」（同前揭書，葉 45），而此一隨機點化，上契道妙的作用，便是轉識成智，通過整個工夫論的懇切實踐，才能成就心法的妙用。上述討論雖專就學佛而言，在他的思想系統裡，是學道者共同的課題。

三、學問貴能安心

積學講求無緣非法，心法貴能因應「法無自性」，兩者正如老子所謂：「爲學日益，爲道日損。」工夫偏向不同，前者側重在生活知能層面，後者則更強調學無學相、道成肉身，兩者辯證性的互動，構成一種特殊的學問方法論，而此一方法論，正是因應其學問性格——以自我安頓爲蘄向的思考。因此，他晚年常用「安心」「平心地」之類朴實的語言，概括爲學做人的旨趣：

> 經云：能平心地一切皆平。顧心地豈易平哉？曾子之「絜矩」，孔子之「忠恕」，是平心的樣子。（《珊瑚林》，卷上，葉 18）
>
> 一部《宗鏡錄》，只說得一個安心。（同前揭書，葉 26）
>
> 問道：學問貴平常，炫奇過高是多了的？答：平常亦是多的。（《珊瑚林》，卷下，葉 37）
>
> ……誰肯安心謂：「我與常人一樣乎？」雖屠兒樵子亦有自負的心，至於學道之人，曉得幾句道理，其憤世嫉俗尤甚，此處極微細，最難拔除，若能打倒自家身子，安心與世俗人一樣，非上根宿學不能也，然此意自孔老後，惟陽明、近溪庶幾近之。（同前揭書，葉 53-54）

因此，「安心」「平心地」可以說是此一階段的學問總綱，而「安心」「平心地」的意涵爲何？從上述各則來看：安心就能安頓生命，所以能含攝整部《宗鏡錄》的旨趣，而孔子、曾子之學何嘗不在安頓生命？此處以「平心地」概稱，可見安心就是平心地的意思。其次，安心包括能「打倒自家身子，安心與世俗人一樣」，如此又必須去除我執、我相。而所謂「去除我執我相」固然反對「憤世嫉俗」「炫奇過高」，就是「平常亦是多的」，所以「安心」是從不落兩邊「隨順自然」而來，「平心地」也是如此。問題是：「隨順自然」如何與儒家建立秩序的絜矩之道、忠恕觀念並行不悖呢？

他在《珊瑚林》中，討論儒道人情順逆與自然的關係，即明確表示肯定的意見：

> 問：儒與老、莊同異？答：儒家之學順人情，老、莊之學逆人情。然逆人情，正是順處。故老、莊嘗曰因，曰自然。如「不尚賢，使民不爭」，此語似逆而實因，思之可見。儒者順人情，然有是非，有進退，卻似革。夫革者，革其不同，以歸大同也，是亦因也。但俗儒不知以因爲革，故所之必務張皇。即如耕田鑿井，饑食渴飲，豈不甚好？設有逞精明者，便創立科條，東約西禁，行訪行革，生出種種事端。惡人未必治，而良民已不勝其擾，此等似順而實革，不可不知。曰：儒者亦尚自然乎？曰：然。孔子所言絜矩，正是因，正是自然。後儒將矩字看作理字，便不因，不自然。夫民之所好好之，民之所惡惡之，是以民之情爲矩，安得不平？今人只從理上絜去，必至內欺己心，外拂人情，如何得平？夫非理之爲害也，不知理在情內，而欲拂情以爲理，故去治彌遠。（卷上，葉 7-8）

道家「逆人情」是對過度「尚賢」等異化價值的「因」「自然」，所以「正是順處」，儒者「順人情」是「民之所好好之，民之所惡惡之」，是「以民之情爲矩」，革民之所惡，因此是以革爲因，正是「自然」。可見「自然」仍是境界層面的意義，儒家順人情以建構秩序，老莊逆人情以消解負累，無可無不可，只要「以民之情爲矩」，隨順因緣作合宜的回應，就是自然了。所以他說：「唯眞實悟明人，聲入心通，乃眞耳順，順世無礙，乃眞隨緣。」（《珊瑚林》，卷下，葉 41）即是此意。

隨順自然的最高境界，用儒家的語言就是「中庸」：

> 問：中庸如何不可能？答：此正是雖聖人亦有不能處。蓋「中庸原不可能」，非云「不易能也」，君子之中庸只一「時」字，非要去能中庸也。孔子可以仕則仕，可以處則處，可以久則久，可以速則速，

正是他「時中」，小人而無忌憚，只爲他不能「時中」，聖凡之分，正在於此。（同前揭書，葉 6）

「中庸」所以是「雖聖人亦有不能處」，在於「時中」之難，他詮釋「時中」的意涵是：

問：何謂時中？答：即春夏秋亥子丑之時也，頃刻不停之謂時，前後不相到之謂中，《金剛經》「應無所住而生其心」亦此義。不停故無住，不相到故心生。問：何謂不相到？答：如駛水流，前水非後水，故曰「不相到」。問：何謂心生？答：如長江大河，水無腐敗，故曰「心生」。（《珊瑚林》，卷下，葉 16）

引用《金剛經》「應無所住而生其心」說明「時中」之意，無非在強調當下即是的隨順觀念，如孔子周遊列國，固然意在經世，應世之迹則迭有變化——或仕或隱，或久或速，無不是審度主客觀情勢，應機而發的抉擇，因此，「時中」之難，在於「非要去能中庸」，就消極指出中庸之道的特質，就是不能執持成說、預作假設，而中庸之道的實踐就宣示我相已除，若在意念、情識等不關緊要處算計、造作的，都不是正道是「鬼關」：

問：如何是人鬼關？答：鬼關屬陰，人屬陽。古云：思而知，慮而解，是鬼家活計。凡在情念上過捺者，是鬼關；在意識上卜度者，是鬼關；在道理上湊合者，是鬼關；在行事上妝點者，是鬼關；在言語文字上探討者，是鬼關。（同前揭書，葉 23）

行「鬼關」則淪爲「無忌憚」：

曰：何謂無忌憚？答曰：不知中庸之不可能，而欲標奇尚異以能之。此人形迹雖好看，然執著太甚，心則死矣。世間唯此一種人最動人，故爲夫子所痛恨也。（同前揭書，葉 16）

「執情太甚，心則死矣」，一語道破當代知識分子的窘境：

吾儒講學亦是好事，然一講學便有許多求名求利，及好事任氣者相率從之，此等不肖之人，生出事來，其罪皆歸於首者，東漢而後君子取禍皆是也，此等涉世機關，惟老莊的然勘得破。（同前揭書，葉 47）

講學而越講越歧，致遭不測，追根究底在於「執情太甚」，不知「時中」，缺乏老莊智慧，非但儒者如此，學佛而「求玄妙、做門面」，亦坐此弊：

予初年學道，雖見得道本平常，而求玄妙之心猶未忘，邇年來方知別無奇特，唯平常行去便是，今海內參禪者，或行苦行，若習靜定，

或修福德，據外面看，人爭慕之，然察其中，有這段求玄妙、做門面的心，即與道相遠。(《同前揭書，葉32)

因此，強調「道本平常」,「中庸」，是因應當代特殊思想氛圍而作的反思，其中隱涵有改革三教的理想。綜合以上討論可以略窺一、二：

（一）絜矩是「以民之情為矩」

儒家治平之要唯在絜矩，絜矩是「以民之情爲矩」，不「拂情以爲理」，以定理律人，一切既定的禮儀節文，就都只是待用無遺，不可拘泥不知變通了，所以他說：

今大明律何等嚴密，官民豈盡依之？曲禮三千，何等嚴密，儒家豈盡依之……比丘戒難持，然比丘戒亦只爲中人設耳，若上品異材，則超乎律外，戒詎足以縛之？如菩薩戒則不然，其中多有權以濟事者，辟如兵法，只中等之將依之，至于名將則出于兵法之外矣。故曰：非禮之禮，非義之義，大人弗爲。(同前揭書，葉43)

換句話說，禮儀節文必須根於「民之所好」，基於愛人濟世的前提下，才爲君子所遵守，否則就是「非禮之禮，非義之義」，拘泥反而害事。如此一來，外在的禮儀節文，才能浮躍出仁心，內化爲人情之所共趨，展現親切、活潑的風貌，而避免「非禮之禮，非義之義」造成的負面傷害。

（二）以自然、隨順為中庸之道的特質

「時中」與「自然」並舉，強調的是「平常行去」:

問：古人云:「一切現成，只要人承當。」如何是承當的事？答：今呼汝名，汝即知應，叫汝飲食，汝便飲食，此即是承當。(同前揭書，葉29)

「平常行去」就是隨緣順應，當下承當，以此爲判準，若無清淨無爲當下即是的心，一切修行都是門面假相，所以說：

今之慕禪者其方寸潔淨、戒行精嚴、義學通解，自不乏人，我皆不取，我只要箇英靈漢擔當此事耳。夫心行根本豈不要淨，但單只有此，總沒幹耳。(同前揭書，葉20)

「方寸潔淨、戒行精嚴、義學通解」仍侷限在下學工夫，或閉耳塞眼，或執於情識、我相未盡，反而與道相遠。能擔當的英靈漢則當下即是，隨緣順應，定靜、戒行、義學轉而成爲擔當的資糧，故爲中郎所肯定。

此一判定的思考，與儒者強調以「創造價值意義」爲前提的「時中」觀念，有本質上的差異，不過凸顯自然、隨緣，儒者對「時中」的拿捏，會在價值意義的創造之外，融入更多主客觀因素的思考，如此，所謂「價值意義的創造」，會開展出更多元的面向，「知其不可爲而爲」的陽剛性格得以緩和，儒學異化的危機也因此得以降低。

（三）以世、出世法非為兩事

佛、道二家之學以清淨無爲、隨順自然爲貴，形成捨離、隱退的思想格局，致使懶慢不耐世故的人，以自託於二氏作藉口，因此，他說：「世、出世法豈是兩事」（《珊瑚林》，卷上，葉 9），指責狂禪、小根之人害道：「世間眞菩薩乃能濟世，跼蹐空山，閉眼塞耳，此是小夫行徑」（《錢校・汪觀察尺牘》，卷 43，頁 1281），批評時人：「彼以爲治世之外，別有一種性命之學，其說莽蕩而無歸，而稽之實用，若覓鳥跡於空，而求風痕於水也。」標舉老子言「以道治天下」意在救世，「佛亦切切然以度眾生爲事」（詳《錢校・策第三問》，卷 53，頁 1516），無非在凸顯佛道之學的外王性格，透過此一性格的確定，建立修道者必須積極入世的信念，如此一來，儒家建構、創造等「有爲」的觀念，都得以在清淨、無爲心境的提攝下，成爲落實佛道濟世的法寶。

三教至此已是模糊難辨，所以說「堂堂三聖人，同宗偶異胤。刻影求飛鴻，霧眼自生暉，白水湧冰輪，千江同一印」（《錢校・三教堂詩爲杜總戎日章》，卷 47，頁 1391），三教同出於道，理一分殊，不同的只是流派上的紛繁細節，依個人生活經驗的體悟詮釋三教，三教在他看來都是安心之道，其間分別都爲了權以濟事之故。理念如此，晚年，他三度出仕，我們看到他任職吏部期間，在〈摘發巨奸疏〉、〈查參擅去諸臣〉、〈錄遺佚疏〉等（《錢校》，卷 53，頁 1503-1510），展露儒家危言極諫、摘發權貴的建制魄力。〔註 17〕曹務稍暇，則攜賓客出遊，一如閒雲野鶴，儼然道家風流；而一但自覺形貌衰頹，不堪任事，又毅然放下聲望日隆的名位，請告返鄉，〔註 18〕展現佛家隨

〔註 17〕他對建立規矩制度的重視，也反映在佛家財產的管理上，如〈眾香林疏〉主張建立叢林制度，〈題供僧籍〉建議確立記帳制度（《錢校》，卷 40，頁 1199-1200），乃至《瓶史》《觴政》之類閒談，也充分顯露這種心態。

〔註 18〕萬曆三十八年（1610），中郎因考功事竣，依例請假還楚，家居一段時日後，可能自覺身體狀況不佳，於是又有棲遲之想，小修爲他新居硯北樓作記，曾提到他的想法：『萬曆庚戌夏（自按：萬曆二十八年，1610）中郎請告歸楚，卜居沙頭，得敝樓葺之，名之曰硯北。予問其故。中郎曰：昔通人段成式云：「杯

緣、捨離的智慧。

他贊美曾點：「識趣如明月澄空，萬象朗徹」，是學道的「大人」，「以爲有用，而超然遠韻，若無意於當世；以爲不用，而天下之大難大疑，可指顧談笑而決。故古之人以龍德配焉，蓋其大小隱見，隨時而用，未可以器局論也。」（《錢校・策第五論》，卷 53，頁 1517）這也是夫子自道，因爲「若無意於當世」，才能「妙天下之用」，出仕、隱退都是承擔，端看因緣如何罷了。所以三教匯通的問題，根本是說不清的，還是要經過體證去掌握；而「以儒爲佛事」，究竟是攝佛歸儒，抑是攝儒歸佛？他在給法侶寒灰弟子張五教作〈明教說〉，已有清楚的回答：「居士儒服而禪心乎？抑禪服而儒心乎？唯居士自命，第一莫作分別想也。」（《錢校》，卷 41，頁 1228）總之，學問之道無他，安心而已。

第三節　晚年的文學論述

自《瓶花齋集》以後，中郎的文學觀念已伴隨思想克己復禮的趨向，重新詮釋「復古」「法」的意涵，展現對典範的尊重。此一階段的思想，在克己復禮的大架構下，以體証匯通三教，行中庸之道，講求自然、隨順、圓融、權變之旨。因此，晚年的文學論述，也在前一時期的基礎上，趨向於平穩、周延。

在工夫論方面，仍然肯定學的重要，將明代時文的窮工極變，歸功於「童而習之，萃天下之精神，注之一的，故文之變態，常百倍於詩」（《錢校・郝公琰詩敘》，卷 35，頁 1109）讚美郝公琰寫作詩與時文，是「取之初，以逸其氣；取之盛，以老其格；取之中，以暢其情；取之晚，以刻其思。富而新之，無不合也。」（同前揭文）不過，論述的重點，則轉移到創作論與鑑賞論，探

宴之餘，常居硯北。」夫人生閒適之趣，未有過于身在硯北，時親韋編者也。我昔居柳浪六年，日擁百城，即夜分猶手一編，神甚適，貌日腴。及入宦途，簿書鞅掌，應酬柴棘，南北間關，形瘁心勞，幾不能有此硯北之身。今幸而歸矣！中年以後，血氣漸衰，宜動少靜多，以自節嗇……今而後，將聚萬卷于此樓，作老蠹魚游戲題跋。興之所到，時復揮洒數語，以疏瀹性靈，而悅此硯北之身。吾志畢矣！吾計定矣！此予命名意也。』（《珂雪齋集・硯北樓記》，卷 14，頁 623-624）可見宦途勞瘁而又血氣漸衰，只好常居硯北作老蠹魚打算了。《明史・袁宏道傳》則逕記其於考功事後，「遷稽勳郎中。後謝病歸，數月卒。」（《錢校・附錄二》，頁 1662）可證健康因素的考量，是他隱退的重要因緣。

討創作過程中，文心的特質、才氣與文氣、法與才間複雜的關係，以及藝術風格的種種評論。

關於創作理念的思考，值得注意的是對「文心」意涵的詮釋，這個思索在《瓶花齋集》中已經浮現，〈文漪堂記〉一文，形容「文心與水機，一種而異形」，天下之至奇至變者是水，而「取遷、固、甫、白、愈、修、洵、軾諸公之編而讀之，而水之變怪，無不畢陳于前者。」（卷 17，頁 686）這個角度的思索，和江進之詩文結集——《雪濤閣集》的命名，取意一樣，是從「能變」的層面，挽結文心與水機，也就是說文心的第一個特質是奇變。

事隔兩年，萬曆二十九年（1601），在〈登平山閣同江浦諸友論文〉詩中則說：「文心喻煙水，吞吐幾重重」（卷 26，頁 868）提出另一層面的看法，強調文心的吞吐，創作再不是一味的求新變，推倒一切的顛覆：「以名家爲鈍賊，以格式爲涕唾，師心橫口自謂于世一大戾」（《錢校・袁無涯尺牘》，卷 44，頁 1282）、「以信手爲近道」草率可得（《錢校・黃平倩尺牘》，卷 43，頁 1259），而寓有深刻、取捨、新變、自然等複雜的意涵。

〈開先寺至黃巖寺觀瀑記〉一文，仍是以水機喻文心：

> 夫文以蓄入，以氣出者也。今夫泉，淵然黛，泓然靜者，其蓄也。及其觸石而行，則虹飛龍矯，曳而爲練，匯而爲輪，絡而爲紳，激而爲霆，故水之變，至於幻怪翕忽，無所不有者，氣爲之也。（《錢校》，卷 37，頁 1144）

「文以蓄入，以氣出」，是說明文心的兩種樣態，當其未發，須要博學沉潛、厚積實力，如泉之「淵然黛，泓然靜」，及其觸境生情、因事攄感，既已發動，就是氣的作用了。如此文心就兼有咀爵、推敲、靈變、自然等特質，發而爲文自然「幻怪翕乎，無所不有」；這種論述先肯定文心的優位性，與前後七子死守文類典範的觀念有別。

同時這也涉及「氣」的思考，淵然含蓄、隱而未發者是文心，「氣」是文心的發用，因此，「氣」是生命存在的樣態，情境瞬息變化，氣亦隨之，作爲文章，自然幻怪翕忽、無所不有。不過這是概括性的論述，人有人氣，文有文氣，中郎所謂的氣，意涵究竟如何？氣的展現，法具有節制的作用，他如何看待兩者的關係？他對氣與法的思考，始於《瓶花齋集》時期，萬曆二十七年（1599），在〈徐文長傳〉中，曾提出「文有卓識，氣沉而法嚴，不以模擬損才，不以議論傷格」的論述（《錢校》，卷 19，頁 716），可見，他除了強調創作第一義——性靈的重要，關於創作實踐中，文類典範的制約，也相當重視。

不過「氣沉」的範疇，仍未作明確的說明，從整段文句來看，「不以模擬損才」是在維護典範的制約下，兼顧作者個人才情的發揮；「不以議論傷格」，則要作者在馳騁個人才情之際，謹守典範的制約。「氣」與「法」分別代表創作實踐中主觀與客觀的兩個層面，主客之間必須融通爲一，兩相兼顧，達到「氣沉而法嚴」的境地，才是「文有卓識」。而「氣」可以確定是一種較爲主觀的作用力，例如才情、感應之類所散發的動人的特質。

其後，在《瀟碧堂集》中，亦延續此一觀念，萬曆二十九年（1601），〈送徐太府見可入計序〉，即從「文章與吏事一道」的角度，談「文之法」與「文之氣」，他稱讚徐見可之治行高第，說：

> 有識者或謂余，是藻心也，而吏幹若是，龔、黃所未有也。余曰：「是固於文一機軸也。」公之文，嚴於法而沉於氣，往往詘常調而自伸其才，故變幻詰曲，無不極情之所至。今公果於裁者，文之法也；寬以調，文之氣也；使民若士之喧然者，百至而百應，文之詘常調而自伸其才者也。故曰文章與吏事一道也。（《錢校》，卷 36，頁 1123-1124）

這段文字透露幾個訊息：一、「果於裁者，文之法」，將吏事的果決、裁斷，類比爲創作中對「法」的態度，「法」是一套典範約制，使用之際卻強調分寸的拿捏，那制約的效力就大打折扣了。所以，他雖然表示要「嚴於法」，但絕不至於如前後七子般，死守「文必秦漢，詩必盛唐」爲第一義，以爲必定如此才算當行本色。這和他主張博學初、盛、中、晚，兼採各階段的優點，立場是一致的，所以「嚴於法」在創作實踐中，具有更多主觀因素的作用。

其次將吏事的寬調民困，類比爲創作的收攝氣性，氣不再是「情與境會，頃刻千言，如水東注」，或者是「不效顰於漢、魏，不學步於盛唐，任性而發」之類（《錢校・敘小修詩》，卷 4，頁 187），〔註 19〕推倒一切創作必要規範，噴薄而出的作用力，而是回歸到〈毛詩序〉「發乎情，止乎禮義」的觀點，其中融入知性的沉潛、調和，萬曆三十七年（1609），典試陝西鄉試程文〈和者樂之所由生〉就明白指出：「詩者因人情之所欲鳴，而自爲抑揚，和之達於口

〔註 19〕〈敘小修詩〉作於萬曆二十四年（1596），收於《錦帆集》中，是中郎生命豁醒後，以解粘去縛爲思想重心的文學見解。

者也……詩禮必和而後近情者也。」（《錢校》，卷 53，頁 1254）血氣心知之性，應感起物而動，必須「和之」才能宣之於口，筆之成文，「和之」就是要「沉於氣」，沉於氣，發於文，才能達到「和」的境界，這才是眞正的本之「人情」。

其三，「文章與吏事一道」的思考，在機用比類的背後，有更本質的觀照——才情，處理吏事要靠才情，文章創作也不例外，有才情處事方知圓融無礙，有才情方能「詘常調而自伸其才」。認爲才情、氣等主觀因素，是創作的主導，與《解脫集》時期提出的觀念——獨抒性靈，不拘格套（《錢校・敘小修詩》，卷 4，頁 187）大前提相同，但多了一層收攝、沉潛的調理工夫，見解越趨於深刻。

綜合以上討論可知：這種文學思考的脈絡，仍是順著思想模式衍生而來，思想上主張仁禮一致，又復仁禮兩端並行不悖，文學創作上，則認爲氣與法一致，又復截爲兩端。氣、法一致是就本質而言，氣是生命存在的一種樣態，眞誠的調理就是「和」的境界，「法」是情感類型表現的歸納，源頭仍是主觀的才情，因此「嚴於法，而沉於氣」，是要歸根返本，回到情性純化的原點「和」，至於法與氣的分殊如何？並未充分討論。

氣與法截爲兩端，則是對客觀事實的重視，法固然根源於人心之和，但法在歷史發展中，也自然形成一套外於情性的典範規則，必須透過後天的學習，方能運用自如，他主張「博學」的理由在此。不過學的本身存在歧出的危機，拘泥於現成規制，役於法而才情不伸，反而違背文學創作的精神，前後七子的文學主張，落到實踐中，便衍生出這種弊端。因此，一方面要學，另一方面又得「詘常調而自伸其才」，在自伸才氣的優位考慮下，一切詩文創作，既要「不以僞傷其氣」，又要「不以法撓其才」（《錢校・敘曾太史集》，卷 35，頁 1106）。因此，詩文創作的成法，絕非定法，而是僅供參考運用，以適切伸其才氣；而所謂「氣」，則是就作者一端立說，是人心所蓄感物而動的作用力，並未就作品的整體風貌談文氣。

就作者才情的角度立說，爲文之氣的意涵，可借用小修〈中郎行狀〉作爲詮解：

> 先生之資近狂，故以承當勝……間發爲詩文，俱從靈源中溢出，別開手眼了不與世匠相似。總之，發源既異，而其別于人者有五：上下千古，不作逐塊觀場之見，脫膚見骨，遺機得神，此其識別也；

> 天生妙資，不鏤而工，不飾而文，如天孫織錦，園客抽絲，此其才別也，上至經史百家，入眼注心無不冥會，旁及玉簡金疊，皆採其菁華，任意驅使，此其學別也；隨其意之所欲言，以求自適，而毀譽是非，一切不問，怒鬼嗔人，開天闢地，此其膽別也；遠興逸情，瀟瀟灑灑，別有一種異致，若山光水色，可見而不可即，此其趣別也。有此五者，然後唾霧皆具三昧，豈與逐逐文字者較工拙哉！（《珂雪齋集》，卷 18，頁 758）

這段敘述從識、才、學、膽、趣五個層面，分析中郎所蓄的靈源，識是對事物的看法，才是天生的材質，學是後天的學養，膽是下筆揮灑的自信，趣是自然的氣韻，總而言之，是天生的材質與後天習得的學問識見，相生相成的文心，而氣則是文心落到存在情境中，具體的情感反應。換句話說，氣是識見、材質、學養、膽力、情趣的辯證融合，所形成的接物反應。

借用小修的論述，主要在方便呈現作者之氣的意涵，在中郎的詩文論述，也曾零散的提到上述的幾個特質，例如：稱宗道的老師嵒邦永「高才邃學」（《錢校・敘嵒氏家繩集》，卷 35，頁 1104），宗道酷愛東坡即笑稱「兄與長公眞是一種氣味」（《錢校・識伯修遺墨後》，卷 35，頁 1111），稱好友李元善「才識卓絕，其爲文骨勝其肌」，庶母弟宗郢「質直溫文，其文如其人」（《錢校・送江陵薛侯入覲序》，卷 36，頁 1122），形容友人李獻夫「開爽敏捷，果於任而敢於言，胸中有蓄，吐之唯恐不盡，而其文有奇氣，沛然若瀑之注峽……獻夫用世，余以氣決之，非臆斷也。」（《錢校・壽李母曹太夫人八十序》，卷 36，頁 1133），評論隆慶、萬曆以前，幾位詩文名家說：「鑄辭命意，隨所欲言，寧弱無縛者，吳文定、王文恪是也；有爲王李所擯斥，而識見、議論卓有可觀，一時文人望之不見其崖際者，武進唐荊川是也；文辭雖不甚奧古，然自闢戶牖，亦能言所欲言者，崑山歸震川是也。」（《錢校・敘姜陸二公同適稿》，卷 18，頁 695-696）等，或明確標舉，或籠統概說，觀察的角度，都不外是識、才、學、膽、趣等思考。

在凸顯作者才情的優位考量下，「膽」與「趣」常被重新包裝、使用，如：「果於任而敢於言」、「隨所欲言，寧弱無縛」、「不就羈紲」、「自闢戶牖」等都是膽力的展現，「氣味」是情性所自然散發出來的神韻，是「趣」的同義語。「趣」的觀念在萬曆二十五（1597），《解脫集・敘陳正甫會心集》中，有清楚的描述：

> 世人所難得者趣，趣如山上之色，水中之味，花中之光，女中之態，雖善說者不能下一語，唯會心者知之。今之人慕趣之名，求趣之似，於是有辨說書畫，涉獵古董以爲清；寄意玄虛，脫跡塵紛以爲遠；又其下則有如蘇州之燒香煮茶者。此等皆趣之皮毛，何關神情？夫趣得之自然者深，得之學問者淺。當其爲童子也，不知有趣，然無往而非趣也。面無端容，目無定睛，口喃喃而欲語，足跳躍而不定，人生之至樂，眞無愈於此時者。孟子所謂不失赤子，老子所謂能嬰兒，蓋指此也。趣之正等正覺最上乘也。山林之人，無拘無縛，得自在度日，故雖不求趣而趣近之。愚不肖之近趣也，以無品也，品愈卑所求愈下，或爲酒肉，或爲聲妓，率心而行，無所忌憚，自以爲絕望於世，故舉世非笑之不顧也，此又一趣也。迨夫年漸長，官漸高，品漸大，有身如梏，有心如棘，毛孔骨節俱爲聞見所縛，入理愈深，然其去趣愈遠矣。余友陳正甫，深於趣者也，故所述《會心集》若干卷，趣居其多，不然若介若伯夷，高若嚴光，不錄也。(《錢校》，卷 10，頁 463-464)

「趣」在這個階段的意涵有三：一、趣的特質是自然，故赤子嬰兒不知有趣，無往而非趣，爲趣之正等正覺。二、趣是一種美感觀照，無關道德、學問、聞見、知識，更無關年歲、官爵、功名利祿，是無目的而又合目的的主觀感受，所以說是人生之至樂。三、趣是人物品鑑的用語，同時也是文學批評的觀念。

此一論述表面並無不妥，但是受限於「顛覆價值體制」的思想，將「自然」定位在原始素朴的第一義上，稱愚不肖無品之人亦屬近趣，殊不知爲知識、聞見所縛是累，癖好酒色財氣，亦不得自由，都失之「造作」，同樣無趣。不過隨著思想漸趨圓熟，他也修正對「自然」意涵的定位，因此，提出另一個用語——淡。萬曆三十二年（1604），在《瀟碧堂集‧敘呙氏家繩集》中說：

> 蘇子瞻酷嗜陶令詩，貴其淡而適也。凡物釀之得甘，炙之得苦，是文之眞性靈也。濃者不復薄，甘者不復辛，唯淡也無不可造，無不可造，是文之眞變態也。風值水而漪生，日薄山而嵐出，雖有顧、吳不能設色也，淡之至也。元亮以之。木野、長江欲以人力取淡，刻露之極，遂成寒瘦。香山之率也，玉局之放也，而一累於理，一累於學，故皆望岫焉而卻，其才非不至也，非淡之本色也。(《錢校》，

卷35，頁1103）

以陶淵明詩之「淡而適」爲淡的最高境界，和小修稱中郎「遠性逸情，瀟瀟灑灑，別有一種異致」的趣，觀察的角度相同，都是取其自然、淡泊、可見不可及的特質，但是中郎之趣，指的是吳越遊時期，放浪形骸之外，迭宕自喜的狂者胸次，與〈敘陳正甫會心集〉中的意涵相同，此處孟東野、賈島之流，被評爲「以人力取淡，刻露之極，遂成寒瘦」，而白居易「累於理」，東坡「累於學」，也都「非淡之本色」。可見淡不是學的起點，而是學成後的最高境界；孟東野、賈島、白居易、東坡諸人，未能臻此至境，「其才非不至」，而是以人力取淡，有所執累，不得自然。因此，「自然」是繁華落盡的眞淳，貌雖平淡，本質上卻是充實飽滿的。

〈行素園存稿引〉敘述古人創作求淡的過程是：

> 刊華而求質，敝精神而學之，唯恐眞之不極也。博學而詳說，吾已大其蓄矣，然猶未能會諸心也。久而胸中渙然若有所釋焉，如醉意之忽醒，而漲水之思決也。雖然，試諸手猶若掣也。一變而去辭，再變而去理，三變而吾爲文之意忽盡，如水之極於澹，而芭蕉之極於空，機境偶觸，而文生焉。風高響作，月動影隨，天下翕然而文之，而古之人不自以爲文也，曰是質之至焉者矣。（《錢校》，卷54，頁1570-1571）

可見「淡」的實踐，必須自「博學」入，而後轉識成智，去辭、去理、刊華而求質，以至無意爲之乃得。

淡的境界，也體現在他晚年的創作實踐中，小修在〈中郎行狀〉中，描述萬曆二十八年（1600），他隱居柳浪後的詩文境界：「潛心道妙，閒適之餘，時有揮灑，皆從慧業流出，新綺絕倫，而游屐所及，如匡廬，如太和，如桃花源，皆窮極幽遐，人所不至者無不到。發於詩文，煙嵐毫楮間，蓋自花源以後詩，字字鮮活，語語生動，新而老，奇而正，又進一格矣。」（《珂雪齋集》，卷18，頁759）至萬曆三十七年（1609），主試秦中，著《華嵩遊草》，則：「渾厚蘊藉，極一唱三歎之致，較前諸作又一格矣。」（《珂雪齋集》，卷18，頁761）這種由「新綺絕倫」，而「新而老，奇而正」，乃至「渾厚蘊藉」的進程，就是向自然、平淡的回歸。萬曆三十四年（1606），他給公安知縣錢胤選的信中，自稱：「不肖詩文質率，如田父語農桑，土音而已。」（《錢校・答錢雲門邑侯》，卷3，頁1275）萬曆三十六年（1608），贈吳縣友人顧朗哉詩中，也自道：「老來詩淡類斜川」（《錢校・又贈朗哉仍用前韻》，卷 47，頁 1383）「質率」「土音」是淡的同義語，是「刊華求質，敝精神學之」而來的最高境界，也是晚年對「趣」意涵的再詮釋。

不過無論文學觀念如何演變，思考的方式總是結合人品與文品一併詩論：「夫質者，道之幹也。唯恐不式，奚取人之嘻笑呵怒以爲快？」（《錢校・敘曾太史集》，卷 35，頁 1105）因此創作的總綱領，仍是在展現形而上的道：

> 物之傳者必以質，文之不傳者，非曰不工，質之不至也。樹之不實，非無花葉也；人之不澤，非無髮膚也；文章亦爾。行世者必眞，悦俗者必媚，眞久必見，媚久必厭，自然之理也。（《錢校・行素園存稿引》，卷 54，頁 1570）

> 昔人謂茶與墨有三反，而德實同。余與退如所同者眞而已，其爲詩異甘苦，其直寫性情則一；其爲文異雅朴，其不爲浮詞濫語則一，此余與退如之氣類也。（《錢校・敘曾太史集》，卷 35，頁 1106）

物之可傳，因爲具有道之幹——質，文能表現質就是眞。換句話說，文章的眞，源自德性的眞，作者「欲見性命於文章」，讀者「即文章見性命」（同前揭文），因此，人品的「眞」，不是《解脫集》時期，原始、素朴發生義的眞，而是通過內歛、沉潛之後，從心所欲、無入而不自得的渾化之純。而文之「眞」，積極的說，是直寫性情；消極來看，是不爲浮詞濫語。但在性情必須渾化眞純的前提下，直寫、不爲等主張，都在強調創作態度的眞誠、無所攀緣；因此，批評學士大夫爲文之弊，在於：「鬱不至，而文勝焉，吐之者不誠」，而所謂「情眞而語直」，以病爲例，「非病之情能爲文，而病之情足以文，亦非病之情皆文，而病之情不假飾也。」（《錢校・陶孝若枕中囈引》，卷 35，頁 1114）其中都有一番懇切的抉擇與取捨。

萬曆三十年（1602），在〈又答徐見可太府〉信中，對李攀龍、王士貞、徐渭三人的看法，較前一階段已稍作修正：〔註 20〕

〔註 20〕虞淳熙〈評點徐文長序〉，追記萬曆二十五年（1597），中郎作吳越遊，返回杭州後，相與聚首，論及當代文章誰爲第一，中郎推尊徐渭，而斥元美爲「鈍賊」（詳《錢校・徐文長傳箋》，卷 19，頁 717），此一態度至《瓶花齋集》時期，萬曆二十七年（1599）左右，已稍有改變：徐渭文章「其體格時有卑者，然匠心獨運，有王者氣。」（《錢校・徐文長傳》，卷 19，頁 716）評價仍然很高；而王元美雖難辭倡言擬古之咎，不過個人表現是「才亦高，學亦博」，亦應予肯定，已不再情緒性的貶抑爲「鈍賊」。（《錢校・敘姜陸二公同適稿》，

于鱗有遠體，元美有遠韻；然以摹擬損其骨，辟則王之學《華》，會稽徐文長，稍自振脫，而體格小似羊欣書……（《錢校》，卷 42，頁 1248）

對三人褒貶互見，評論較為客觀，就後七子領袖王、李的論述來看，不再一味貶抑，而能給予應有的肯定。這和他對「學」「復古」「法」的再詮釋有關，但若因此而以為他改絃易轍，轉向後七子投靠，那就忽略了他對「直寫性情」、求眞、求質的個性強調。而關於徐渭雖肯定能「稍自振脫」，不免為他體格卑小惋惜，這和他對「性情」的深刻體悟，以及「情眞語直」的詮釋角度，也有一脈相通之處。

他一反別人以「村夫子」譏評杜甫的看法，稱讚他的詩：「體格備六經，古雅凌三代」（《錢校．夜坐讀少陵詩偶成》，卷 32，頁 1049）批評的準則，仍是「能即文章見性命否」，因此，基於「刊華求質」的理念，法是活法，學的目的在於不學，古的可貴在於不古，正和他匯通三教、提倡心法的思想性格一致，既以自然為貴，又要不落思慮自然圓融，講求克己復禮，又要收放自如；而其中的綱要架構，早在《錦帆》、《解脫》諸集時期，則已然建立，之後的修正、補充，都無礙於個人風格的堅持。

卷 18，頁 695-696）

第六章　即返本即開新的生命實踐

人生若何？一場悲喜？一場追逐？而悲喜、追逐終歸是一場大夢。夢起夢滅都是無根之物，那麼人生一世又爲哪椿？儒者要「爲天地立心，爲生民立命，爲往聖繼絕學，爲萬世開太平」提升小我，完成大我；道家之流則認爲：天地不可逃，不如「乘天地之正，以御六氣之變」，因時處順，平心靜氣遊走一回；佛家教人珍貴此身，難捨能捨、難忍能忍，以超越輪迴證成清淨法身。三教聖人各以其純化的生命，樹立實踐的典範，而昔人已杳，時移事易，凡夫俗子即使有意學道，承載無始業緣，不經爐錘百鍊，豈能一超直悟？中郎思想與文學觀念的演變，本質上就是一場生命的探索，在生命曲折的實踐中，他找到存在的價值，活出自我的風格，思想、文學觀念都不過是生命體悟的展現而已。前文已就各階段生命的核心問題，及思想、文學觀念的調整，逐一討論；本章則綜攝提挈，以呈現他生命實踐的總體趨向，並權作結論。

第一節　返樸歸眞的性命思想

生而爲人，天地間一切品物流行，形式上是無可逃避的；而文明漸啓，秩序的建構更爲嚴密，對人的束縛也相對增加。如何在錯綜複雜的塵網中，免於干擾傷害，就成了生命的重要課題。返樸歸眞是道家的思考，既然秩序的建構是必要的，就只好全盤接受，乘物遊心，安時處順，以確保心靈的平和。這是一種精神超越法，讓生命處在最虛靈、敏感的狀態，隨時可以找到逍遙自在的空間；而純樸與眞實是虛靈敏銳的保證，樸、眞的生命特質，是自然、素朴而又渾然一氣，因此，返樸歸眞不是形式上對文明的反動，而是心靈秩序的解構，藉由削繁入簡的淨化改革，瀟灑自在的遊走於天地之間。

中郎一生也在了解生命、解決生命問題，尋找通往逍遙自在的清淨大道，走的也是返樸歸眞的路向，過程卻崎嶇迂迴複雜多了。大約在《敝篋集》前期，生命未醒覺之前，是塡充期，功名利祿之想，顯親揚名之思，充塞其心，天生狂放的名士性格，受到極大的壓抑（詳第三章第一節）。

萬曆十七年（1589），接觸禪學後，視作解決生命問題的不二法門。這時，他對禪學的認知有二：

一、為明心見性之學

一超直悟，反身即得清淨自在。萬曆二十五年（1597），批評朝山瞻仰菩薩的行徑是：「若以色見我，是人行邪道……終日忙波波，忘卻自家寶」（《錢校・仲春十八日宿上天竺，其二》，卷 8，頁 350），自家寶是清淨自性，既是自性，朝山拜佛向外尋求，就是邪道；並且執著於我身、我心、我形等神識軀殼，也是見性未眞，「若夫眞神、眞性天地之所不能載也，淨穢之所不能遺也，萬念之所不能緣也，智識之所不能入也，豈區區形骸所能對待者哉？」（《錢校・與仙人論性書》，卷 11，頁 490）

二、至道圓融、言語道斷

因此，萬曆二十五年，批評晚年極其禮敬的永明禪師：「入處廉纖，欲於文字中求解脫，無有是處」（《錢校・南屏》，卷 10，頁 433），小修記他學禪的過程也說：「索之華梵諸典，轉覺茫然，後乃于文字語言意識不行處，極力參究。一日，見張子韶論格物處，忽然大豁」（《珂雪齋集・中郎行狀》，卷 18，頁 755）、「索諸華梵諸典轉覺茫然」是因爲欲于文字中求解脫，撇開這些詮釋生命的符號，從眞神眞性處一超直悟，才豁然開朗：「格物物格者，猶諺云：我要打他，反被他打，今人盡一生心思欲窮他，而反被他窮倒，豈非物格邪？」（《珊瑚林》，卷上，葉 2）〔註 1〕都說明邏輯演繹無關乎自性的參究。

年未滿三十，縱任習氣的他，憑著聰明、膽識，掌握禪學的大脈絡，卻只停留在知解上，殊不知一超直悟、言語道斷等最高境界，必然聯繫著一番

〔註 1〕此處所述格物物格之旨，雖引用萬曆三十二年（1604）《德山麈譚》晚年定論，筆者以爲：前後兩階段體悟，精粗不同，但是總體方向一致（詳第三、四、五章）。就「自性參究」而言，的確是言語道斷，且參諸上下文亦無扞隔處；而小修所謂「忽然大豁」的具體內容，並未明確列述，因此援引以便說解。

堅實的體證，通向瑣碎、煩雜的生活場域。禪學對他的震撼，主要在於顛覆性的思考模式，「自性清淨」「理事無礙」「事事無礙」等等語言，恰好提供了撥弄光景的資糧，因此，以往的價值觀念被相對的顛覆了，他從束縛中得到解放，但解放的是心之猿、意之馬，生命的葛纏不能及時解決，耽溺於馳騁博辯的推理遊戲，一切聲色追逐都被無礙的合理化。如此，語言再是截斷眾流、妙契古人微言，若非眞人，即無眞知，展轉往復都成了生命的負累（詳第三章第二節）。這是個「麤見浮思、結心塵口」「著空破有、莽蕩禍生」的階段（《西方合論・序》，頁 560）。

此一墮於狂慧魔城的困境，萬曆二十五年（1597），辭官作吳越遊，對世道艱難的初步體驗後，他已然警覺，於是又作了一次內在革命（詳第四章第二節）。萬曆二十六、七年（1598、1599）作《廣莊》《西方合論》，便爲往後的生命實踐，奠下更明確的方向：

一、勘破生死無常、清淨自在，是生命實踐的終極目標

過了七八年的狂慧生活，他對人性有深刻的體驗，人受無始垢穢、積劫情塵的牽絆，有許多墮落的業力（詳第四章第二節），因此，他認爲往時「未免落入解坑，所以但知無聲無臭之圓頓，而不知灑掃應對之皆圓頓」（《錢校・答陳正甫尺牘》，卷 22，頁 775）、「格套可厭，氣習難除，非眞正英雄不能于此出手，所謂日日新又日新者也，豈鹵莽滅裂之夫，所能草草承當者哉？」（《錢校・又答梅克生尺牘》，卷 21，頁 738）主張從生活中切實踐履，日新又新，與前一階段落入解坑、執空破有，圖一時發洩的態度，相去甚遠。

二、生命實踐之道，悟修並重

《錦帆》《解脫》集時期，淪爲言語般若，凸顯的是迭宕自恣的文人形象（詳第三章第二節）。證悟昔日總總歧出後，則大力發明持戒因緣，在〈答陶石簣〉信中，對自己以及狂禪，都有嚴厲的批判：「彼以本來無一物與時時勤拂拭分頓漸優劣者，此下劣凡夫之見耳。」（《錢校》，卷 22，頁 785），永明延壽、雲棲袾宏都成了他仰慕的高僧，這種改變並非廢悟主修，而是以悟修爲兩轂，此一思想即是永明《宗鏡錄》「因修顯性，因性成修」「先悟而後修，此乃無功之功」「因悟而修，即是證悟」等觀念的衍伸（卷 32，頁 209；卷 15，頁 104；卷 36，頁 235）。如此，悟與修便得到辯證性的互動，至於他「一矯而主修，自律甚嚴」（《珂雪齋集・中郎行狀》，卷 18，頁 758），則是針對個人學道因緣的彌補，此處借助於淨土信仰者很多，總體而言，則是以禪學融攝淨土。

三、自然圓融是生命實踐的最高境界

此爲再度提出的觀念，意涵上仍然強調渾沌、和會，但是層次上已擺脫敷衍、打混、才辯工具的性格，而提升作化境理會，整本《西方合論》標舉修行持戒，宗道論述其旨趣卻說「以不思議第一義爲宗」（《西方合論・序》，頁466），不思議就是意識不行、自然圓融，他在〈答無念〉信中指出：「世間未有名聞利養心不除，煩惱火燄熾然，而可云意識行不得者也。」（《錢校》，卷22，頁777-778）可見自然圓融必須從消欲修行中來，步步通徹明白，不作虛見自惑惑人。

勘破生死清淨自在的終極理想不變，意氣飛揚不受羈勒的名士，已然轉換爲謙退自守、澹泊明志的道人，但是受到政治傾軋的過度驚嚇，以及隨後宗道驟逝的震撼，至萬曆三十年左右（1602），生命情調則趨於苦寂，塞耳閉眼，缺乏事上磨鍊（詳第五章第一節），對自然圓融的體悟，只能道得梗概，因此，總體路頭雖未錯走，對於道家智慧，附在佛學清淨自在、不作分別的架構下理解。至於養成教育的主流——儒學，如何轉識成智，提煉爲安頓生命的力量，則仍須俟諸他日。

萬曆三十二年（1604），《珊瑚林》的論述，批評「以定爲定」的苦寂並非究竟，提倡「以慧爲定」、「以中心明了，不生二念曰定」（詳第五章第一節），又宣示思想觀念的調整。「以定爲定」執著於出世，出世的佛與入世的儒、道智慧，本質上無法匯通，以慧爲定的前提：世間相即是常住（卷44，頁1258）。強調佛教的入世面向，在入世的基本精神下，三教對話的空間擴大了，反映在思想論述上，就展現出兩個特色：

一、對材性的正視

儒家心性論的主流是即心即理，即活動即存有，強調價值創造的能力，偏重於心性本體的證立。中郎主張悟修並重，由悟解入，肯定人人皆有自家寶——超於是非兩端，絕對的至善，天賦的覺察判斷能力，用佛家的語言是「無上正等正覺」，就陽明學而言是「良知」，〔註2〕汲汲發明持戒因緣，則是

〔註2〕此處以儒佛思想並舉，只是就中郎的思想角度討論，二家由於思想本質上的歧異，思考架構雖然類似，細膩處仍然有別。

因爲還有不同角度的人性——材性，例如：狂狷有別，卓犖、沉穩不同，就佛家而言，眾生具積劫情塵、無始垢穢，業力有差，根器不同，凡此，都是氣稟之異。這種從天地之性和氣質之性論性的架構，宋儒張載已發其端，二程兄弟則有更爲精密的發明，近溪所謂「仁禮一致」與「仁禮兩端」的思想也以此爲前提。中郎於儒學一脈固然有所繼承，但究竟了悟，是從百死千難中得來，而在佛學中得到印可，論述依據多取自如來藏一心開二門的架構，如來藏眞常心是心性本體，是宇宙萬物的究竟根源，是入眞、入常、開權顯實的原動力，無善惡可言。此下分開二門：一爲眞常心，如：爲善去惡的良知，覺照眞常的自性。一爲生滅心，即情識造作流轉無根的識心，如：才性、貪瞋癡等俱生惑，宋儒所謂的氣質之性等。這種思想受到廣義瑜伽行派無著、世親《攝大乘論》一系，自性緣起觀念的影響，認爲「三界唯心」「萬法唯識」，「心是八識，意是七識，識是六識，三界唯心者，以前七識不能造世界，惟第八能造，爲前七不任執持故。萬法惟識者，法屬意家之塵，故意識起分別，則種種法起。」（《珊瑚林》，卷上，葉 30）一切事物皆由第八阿賴耶識所生，故缺乏眞常自性，這是瑜伽行派所說「唯識無義」。因此，他批評孟子性善說，以惻隱爲仁之端是：「亦只說得情一邊，性安有善可名。」（同前揭文，葉 7）依他看來：善惡之心未能超於是非兩端，仍是生滅不定的情識而已。如此，關於心性的思考，就更能正視現實存在中，種種差別言行表現的原由，不只是談心性本體，對於心與性、情與欲的理解，融入佛家的觀點，於是有更自然、圓融的取向。

二、對自然圓融的再詮釋

自然圓融的意涵，經過歲月人事的沖積，有更深刻的體悟。從本體論而言，自然就是道，超於兩端，不落六根，不墮文字，而能生天生地。三教各有其道，儒家稱爲「仁」「中庸」，道家稱爲「自然」，佛家稱爲「空」。〔註 3〕從工夫論而言，道貴平淡，修道宜潛行密證，潛行密證就是自然；具體的說，就是要「平心地」，自證自悟，不事宣揚，不求人知，「曾子之絜矩，孔子之忠恕，是平心的樣子，故學問到透徹處，其言語都近情，不執定道理以律人。」（同前揭文，葉 18）換句話說，平心地就是要自然的消欲復仁，因此，也要自然的當下承擔，老莊之「自然」，也叫作「因」（《珊瑚林》，卷下，葉 41），

〔註 3〕三教對生的界義不同，儒家重價值意義的生，創造的生；道家則以「不生之生」爲生；佛家一切緣起，是因緣生；中郎於此並無意分辨。

當下順應、當下圓融、了無分別，是自然的境界義。總之，「自然」的同義詞便是「無」，若從或隱或仕等形迹觀察，就是「執定道理以律人」。

此段晚年定論捨棄三教本質上的歧異，以「自然」「無」作爲匯通，著眼於現象界作和會解釋，雖然隱涵有改革三教的理想，就學術而言，無所發明，但是和上述各階段思想的演變一樣，都在生活中探索安身立命之道，並且更進一步，納入儒家文化關懷的思想，生命智慧大幅成長，而他卻從自身取譬：「一切人皆具三教……觸類而通，三教之學盡在我矣，奚必遠有所慕哉？」（同前揭文，葉 20），學問到盡頭，終究要回到眞誠、樸實的自家生命上證悟，這就是「老來詩淡類斜川」的基石吧！（《錢校・又贈朗哉，仍用前韻》，卷 47，頁 1383）

第二節　性靈文學觀念的演變

文學史上的中郎，是以狂徒姿態出現，他所標舉的文學觀念，被冠以性靈之名，視作叛徒、浪漫、革新的表徵（詳第一章第一節）。此一認定涉及二個問題：一、方法論是否妥當？二、「性靈」的意涵如何界定？方法上，這是中國文學重人傳統——文如其人的思考；中郎標舉「情眞語直」，思維模式也是如此，方法論基本上也相符應。不過他是個篤實道人，卻被定位爲慧業文人；他活在每一當下，不斷調整步履，而後世學者卻將他扁平化爲一楨少年定格，方法論仍有問題。由人的錯認，又衍生出對性靈的誤解，過度聯結性靈與變革的關係，強調逾越矩範、自性自靈的意氣，並視作晚明新文學思潮的主流，中郎的文學思想，轉成爲論者的獨家私語。因此，釐清不同階段的性靈意涵，是解讀中郎文學思想的引線金針。

檢諸文集，使用「性靈」一詞，總計有二處：

> ……獨喜讀老子、莊周、列禦寇諸家言，皆自作註疏，多言外趣，旁及西方之書，教外之語，備極研究。既長……膽量愈廓、識見愈朗，的然以豪傑自命……詩文亦因之以日進。大都獨抒性靈，不拘格套，非從自己胸臆流出，不肯下筆。有時情與境會，頃刻千言，如水東注，令人奪魂。其間有佳處，亦有疵處，佳處自不必言，即疵處亦多本色獨造語。然予則極喜其疵處；而所謂佳者，尚不能不以粉飾蹈襲爲恨，以爲未能盡脫近代文人氣習故也。（《錢校・敘小

修詩》，卷 4，頁 187-188）

蘇子瞻酷嗜陶令詩，貴其淡而適也。凡物釀之得甘，炙之得苦，唯淡也不可造；不可造，是文之眞性靈也。濃者不復薄，甘者不復辛，唯淡也無不可造；無不可造，是文之眞變態也。風值水而漪生，日薄山而嵐出，雖有顧、吳，不能設色也，淡之至也。元亮以之。東野、長江欲以人力取淡，刻露之極，遂成寒瘦。香山之率也，玉局之放也，而一累于理，一累于學，故皆望岫焉而卻，其才非不至也，非淡之本色也。里禺氏，世有文譽，而遂溪公尤多著述。前後爲令，不及數十日，輒自罷去。家甚貧，出處志節，大約似陶令，而詩文之淡亦似之。非似陶令也，公自似也。公之出處，超然甘味，似公之性；公之性，眞率簡易，無復雕飾，似公之文若詩。故曰公自似者也。今之學陶者，率如響搨，其勾畫是也，而韻致非，故不類。公以身爲陶，故信心而言，皆東籬也。（《錢校‧敘咼氏家繩集》，卷 35，頁 1103）

這兩段文字共同的思考特質是：一、文學創作是作者性情的延伸，小修、淵明、宗道老師咼邦永父——遂溪公咼文光，皆是如此，故具本色。二、詩文本色就是有我、有個性。也就是說：性靈的意涵就是「眞性情」。而仔細推敲，兩處對「眞性情」觀察的角度不盡相同。

前者作於萬曆二十四年（1596），評斷小修作品優劣，立論本自前後失據，觀其大意，則是與「近代文人氣息」作對立性思考，凸顯叛逆、奇特的一面。當時，他生命處在醒覺初期，解縛去粘、執空破有的意圖十分強烈，對性情的界定，捨棄規矩、秩序人心同然的情性，偏重特殊氣稟所俱的材性，因此，小修的膽識、豪傑，不循軌徹，正是他「多本色獨造語」的內在動力，所以說：「性之所安殆不可強，率性而行，是謂眞人。今若強放達者而爲縝密，強縝密者而爲放達，續鳧項，斷鶴頸，不亦大可嘆哉！」（《錢校‧識張幼于箴銘後》，卷 4，頁 193），「眞人」就是勇於暴露天性、展現情意的人，他給舅氏〈龔惟長先生〉尺牘，有世間五樂之說（《錢校》，卷 5，頁 205），推翻一切道德成規，宣揚放縱情欲，窮極歡樂，也是凸顯他標榜材性，不受羈勒的思考。而且刻意的標新立異，流於情識造作，形成另類假性情。

順著這個脈絡，創作論所謂——獨抒性靈，不拘格套，主張從自身感覺出發，擺脫典範的束縛，在思想上也是觀念的突破；不過卻仍是相對性的思維，是對當代文壇主流後七子「文必秦漢，詩必盛唐」，標舉第一義的典範說，作出的顛覆思考。加上性靈流於情識而肆，詩文鑑賞、批評的準則——趣，過度強調情意我，乃至以「無品」——或爲酒肉，或爲聲伎，率心而行，無所忌憚，爲難得之趣（《錢校・敘陳正甫會心集》，卷10，頁463），如此一來，詩文題材、內容、形式都別有另類選擇（詳第三章第三節），他卻說：「近日湖上諸作，尤覺穢雜，去唐愈遠，然愈自得意。」（《錢校・張幼于尺牘》，卷11，頁 502），可見詩文改革的意見，都是基於生命解放的欲求，帶動的突顯個性風格的呼籲。

至於創作主體——「性靈」的特質、後七子所謂典範存在的意義、文類因革的分際、乃至才與學的互動等文學本身的美學思考，都缺乏具體、深刻的論述，正面的效應，只能挑起文學革新的思考，負面的作用，則流於狂魯叫囂，文學世俗化爲附庸風雅、沽名釣譽的工具。這個階段約在萬曆二十二年至二十五年（1604-1607），是文學史上中郎性靈文學的定格。

後段文字作於萬曆二十二年（1604），他走過繁華，走過苦寂，步入晚年眞俗不二的境界，觀察性情的角度起了變化。他能客觀的討論人性，肯定材性的事實，卻將消欲復仁視作修道的終極目標（詳第五章第二節），「和者，人心暢適之一念，通聖凡而具足者也」「夫和者非他也，喜怒哀樂之中節者也」「夫詩者，因人情之所欲鳴，而自爲抑揚，和之達于口者也。」（《錢校・和者樂之所由生》，卷 53，頁 1253-1255）因此，淵明「淡而適」是性情的最高格——和的展現，其中經過情識種種煎熬，依然堅持守死善道，此一思考，絕非前期一超直悟，以情欲爲性情的誤解，而必須寓有道德的謙虛與自信。咼文光的「眞率簡易、無復雕琢」，也是如此，才可說是「以身爲陶」，爲淡之本色，而孟郊、賈島、白居易乃至東坡等人，因爲有所負累，所以非「淡」之本色。〔註 4〕其次，咼氏是既「似陶」、復「自似」，「淡」就即個人特殊風格處，而有共通的普遍性。因此，性靈兼攝有個性、節制、自然等意涵，而文學觀念也聯帶作了調整：

一、創作主體的涵養

萬曆二十七年（1599），他提出「文心」的觀念，探討創作迭宕變化，經

〔註 4〕此處評斷係就「淡」的標準爲據，孟郊等人的確有所不及，至若咼文光的文學造詣，是否如他所言：「信心而言，皆東籬也」，也只能當作應酬文字理會，本文只就其思想觀念解讀，其餘不作討論。

營構思與創作主體的關係（詳第五章第二節），二十八年（1600），更明確表示：「文以蓄入，以氣出者也。」（《錢校・開先寺至黃巖寺觀瀑記》，卷 37，頁 1144），創作主體必須積蓄、涵養，方能轉識成智，化氣而出。而涵養存蓄的範圍應該包括三大類：一爲森羅萬象，天地萬物、人情事故生活場域的一切，都是師法的對象。二爲文字載籍，前輩創作直接示範，或三聖教典諸子百家之言等，積學養識，皆爲創作之資。三爲人格典範，性情是決定創作本色與否的關鍵因素，因此，詩文要好，人格修爲也必須提升。

二、法與才分際的拿捏

詩文之「法」由學而來，代表先賢的文心，「才」是創作主體積澱的能力。對「學」「涵養」重新定位，標識著自我收斂、提攝，不再跳空高談「獨抒性靈，不拘格套」，而對法與才分際的拿捏，他提出「氣沈法嚴」的觀念——「不以儁傷其氣，不以法撓其才」（《錢校・敘曾太史集》，卷 35，頁 1106），也就是說，創作主體的氣要「寬以調之」，沈潛、提煉，「情與境會，頃刻千言，如水東注」往往流於刻露，反而傷了文氣；而前輩作者的法則要果於融鑄取捨，若是死守機格、字句，務爲牽合，反而限制主體的創造力，充其量不過是個聰明編撰罷了。這就是小修所說：「以意役法，不以法役意」的意思（《珂雪齋集・中郎先生全集序》，卷 11，頁 521）。如此，法與才也可發展出辯證性的融合，並且在收攝、提煉的自覺下，材料也要有所揀擇：「病之情足以文，非病之情皆文」（《錢校・陶孝若枕中囈引》，卷 35，頁 1114），關於創作的思考，已經由兒戲轉趨務實了。

中郎文學思想的演變，前後期差異很大，以性靈作爲脈絡可以發現：誤以情識爲性，昧棄一切價值成規，文學革新簡化爲解放、顛覆，卻模糊了問題焦點；一旦證悟性情涵養的必要性，嚴肅思考創作中的主客關係，反而激盪出更縝密、圓熟的文學意見，也建構出自己的文學體系。而在整體建構中，他也有一以貫之的脈絡：

一、個性化的強調

在詩文集敘中提到「性靈」只有二處，使用「性情」「眞」之類的語詞，則較爲普遍，「性靈」與「性情」意涵類近，兩者皆著重創作主體性的顯發，性情與創作的融貫，皆可統稱爲「眞」；不過前者則更加突出主體的虛靈、幻變。眞橫跨本體論、方法論、鑑賞論三個領域，在在將創作導向個性創意，在前一階段，眞的同義詞是「趣」，「趣」也強調自然、回歸生命的感覺，由於對「性情」的誤解，流於矯揉造作、品卑格低，卻形成另一種「新奇套子」。〔註5〕後一階段，「眞」得諸刊華求質的努力，「淡」是高格極詣，生命感動、個人才分、文類典範、經營佈局的法則等等，一切誠懇面對，自然有個性。「模擬格套」「新奇套子」的問題癥結，在於預設表現模式，眞而淡的境界恰好是在平常涵養修持的前提下，順著感覺走，隨機裁取相應的表現方式，所以說是「以不法爲法」。

二、文學的新變觀

早年在《錦帆集》、《解脫集》時期，他主張新變的理由有三：（一）氣運代有升降：「夫詩之氣，一代減一代，故古也厚今也薄。」（《錢校・丘長孺尺牘》，卷 6，頁 285），宋代歐陽修、東坡、山谷等「不能爲唐，殆是氣運使然。」（同前揭文）（二）文體疲弊、箝制情性：「體無沿襲，其詞必極才之所至，其調年變而月不同，手眼各出，機軸亦異」，否則無法伸其獨往（《錢校・諸大家時文序》，卷 4，頁 185）。（三）情隨境變、字逐情生（《錢校・敘小修詩》，卷 4，頁 187），因此：「法不相沿，各極其變，各窮其趣，所以可貴」（同前揭文）只要能獨抒性靈，可以不拘格套，新變的創作論可以容許破律壞度，甚至導向新文類的發展。萬曆二十六年以後（1598），伴隨收攝、提煉工夫的導入，二元思維模式的消解，文體之法與性情之才，關係不再對立，創作不是「古有不盡之情，今無不寫之景」（《錢校・丘長孺尺牘》，卷 6，頁 285），衝口而出，不復檢括。而是要吞吐文心「極力造就」，不可「以信手爲近道」（《錢校・黃平倩尺牘》，卷 43，頁 1295），因此，新變的確義宜是鎔鑄——氣沈而法嚴，不以模擬損才，不以議論傷格（《錢校・徐文長傳》，卷 19，頁 716）殆如宋詩之於唐詩，小修所謂：「守其不可變者，而變其可變者，毋捨法，毋役法爲奇」（《珂雪齋集・花雪賦引》，卷 10，頁 460），堪爲注解。就詩文主流而言，絕非如周作人等所論，於文體的創變，高瞻遠矚，識見過人。〔註 6〕故小修形容他晚年作品：「自《破硯》以後，無一字無來歷，無一語不

〔註 5〕萬曆二十七年（1599），中郎〈答李元善〉信中，極力辨明「新奇」的涵意：「文章新奇，無定格式，只要發人所不能發，句法字法調法，一一從自己胸中流出，此眞新奇也。近日有一種新奇套子，似新實腐，恐一落此套，則尤可厭惡之甚。然弟所期於兄實不止此。」（《錢校》，卷 22，頁 786）所謂「新奇套子」就是他早年文學主張的負面影響，李元善可能也有此惡習，故致函相勸。

〔註 6〕中郎著作爲後人所肯定者，大致是記、序跋、雜錄、尺牘等非主流文類中清

生動，無一篇不警策……其中有摩詰，有杜陵，有昌黎，有長吉，有元白，而又自有中郎。」（《珂雪齋集》，卷 11，頁 522），也是從善於鎔鑄、轉化的角度論述。

第三節　即返本即開新的生命實踐

綜述中郎一生，譚友夏稱賞他是「妙於悔者」（《錢校・附錄三・袁中郎先生續集序》，頁 1715），蓋歎其根器識力大過於人，故能成其卓大堅實。小修則敘其晚年定論，點出學問性格：

> 先生……學問自參悟中來，出其緒餘為文字，實眞龍一滴之雨，不得其源，而強學之，宜其不似也……先生之學，以闇然退藏為主，其所造莫可涯涘，生平作人，沖粹夷雅，同于元氣。若得志，可使萬物各得其所，其作用於作令佐銓時，微露其一斑，惜未竟其施……（《珂雪齋集・中郎先生全集序》，卷 11，頁 523）

這段文字不免有所隱諱，中郎少年狂禪而肆、恣意顚覆，導致的負面作用，直以「不得其源，而強學之，宜其不似」文飾，將晚年視作定格，是有意圖的錯置，不若「妙於悔者」之言貼切。不過拈出為學趨向——學問自參悟中來，出其緒餘為文字，卻是解讀袁中郎的不二法門。

學道是他生命的終極關懷，自禪學入手，歧出為狂禪，收攝於淨土，而以儒學涵攝佛、道終結，體現晚明克己復禮的文化思潮。其中受益於聖賢經典頗多，而得諸自己的體悟更多，流於狂禪意在擺脫傳統的桎梏，淨土守寂

新的小品，這些小品文字的特色是沒有章法，隨興遊走，卻又含攝作者當時的情感、思想，尤其是遊記，以萬曆二十四年所作〈吳遊記〉十八篇為例，（1596）段落區分即很自由，不分段者六篇，分二段者八篇，分三段者僅有四篇；寫景常引用典故，帶有品評的意味。如〈靈巖〉以《越絕書》云：「吳人於硯石山作館娃宮」為引線，景與事雙寫，大發議論——亡國之罪，豈獨在色？（《錢校》，卷 4，頁 165）〈光福〉：「山間蒼松萬餘，樓閣臺榭，宛如圖畫……此山若得林和靖、倪雲林一二輩粧點其中，豈不人與山俱勝哉！奈何層巒疊嶂，不以宅人而以宅鬼，悲夫！」（同前揭書，頁 171）並且遊客也成為描寫的景點，如〈虎丘〉、〈陰澄湖〉、〈荷花蕩〉等。（同前揭書，頁 157-158，168，170）作者遊賞的心情，昭然可見，可算是舊文類新體式，不過筆者以為此非自覺的文學創體，如他所言：「慧業文人學道，豈可盡廢文字？即有之亦係秀媚精進。」（《珂雪齋集・遊居柿錄》，卷 11，頁 1369-1370）是以文字作為生命成長的記錄，故可不阡不陌，率自胸臆。

意在善處無常，離苦得樂，兼攝三教，則是要刊華求質，回歸本眞，每一階段的思想，都與存在處境息息相關，代表生活的體驗與智慧，聖賢經典都成了他的註腳。因此，《金屑編》、《西方合論》、《宗鏡攝錄》、《壇經節錄》、《珊瑚林》等思想結集，皆傾向於以述爲作。

以述爲作，以生活體驗爲導向，自然不是邏輯理論的思維模式，而是要「闇然退藏」，減卻一切掛礙、執著，回到生命的原點，他稱作「眞」「和」「淡」「自然」，即此境界的回歸，通向超越、無限，此理已爲往聖先賢所發，他關懷的課題則是：何等性情當之？朱子性其理，陸王心即理，過度擴張心性的無限性，不合人情存在的事實，近溪仁禮一致，又復仁禮兩端的思考，比較能正視根源力量的有限，他晚年反對情理作兩截看的主張，同於近溪，因此，將道家的因、自然，儒家絜矩、忠恕、中庸等觀念，和會解釋，寓有對「性情」更具體深刻的探索。

而其中主要在釐清情與欲的分際，「存天理，去人欲」，混同情欲，是扭曲「性情」；「狂禪而肆，莽蕩禍生」，另類混同，也是異化。因此，拈出忠恕、絜矩之理，則是從自然血緣內聚關係的架構出發，〔註 7〕置個人於人際網絡中溝通、調和，尋找情理的分際，分際因情制宜是機動的，因此情理之性是自然協調造就，非律法所制約而成。也就是說，生命實踐要在氣類感通的格局下進行，情理之性是調節之理，是人我互爲主體，即有限而無限，情理不二，是內聚性柔性道德。此一觀點，釐清混同情、欲的誤解，還給生命活潑自在的特質，亦展現文明繁華後，對「性情」的再詮解。而與道家自然、佛家空理匯通思考，又在「性情」模式的物化危機中，提供潤滑解構的作用；如此宰制化、功利化的儒家，才得以恢復生活性與批判性，三教合一的理念，隱含有改革儒學的思考；一切思考又都收攝到自己內在的情性。

文學觀念的演變亦然，戲言「唐無詩」、「秦漢無文」（《錢校・張幼于尺牘》，卷 11，頁 501），或是提倡「氣沉法嚴」、「博學」、「淡」等（詳第五章第二節），無非是環繞文學新變觀的思考，而「新變」則意在如實反映當下的心情，展現個人獨特的創作風貌，總之，創作表現中，性情是首出的。

〔註 7〕林安梧《儒學與中國傳統社會之哲學省察》一書指出：中國文化傳統中，隱含一根本的血緣性縱貫軸結構，內聚性的德性與生命之氣的感通，關係密切，政治社會亦由此建構，其特質爲強調上下隸屬的關係，左右、橫列的關係則較爲疏忽（詳頁 17-32）。

許多誤解即始自於此，以爲標舉性情、性靈，蔑棄文類典範，跳脫傳統思維窠臼，是爲藝術而藝術的表徵，因此譽之爲浪漫主義的文學（詳第一章）。殊不知他對情理之性的界定，是氣類感通互動關係架構的思考，破律壞度旨在感通，氣沉法嚴亦在於通於人喜怒哀樂之情，感而遂通，才有化民成俗的可能，此與當代小說、笑話書等俗文學盛行的旨趣，是通而爲一的，是則又回到傳統文學教化的思維模式。不同的是：他的思考較爲迂迴，能關照到讀者的立場，所謂「非獨文家心變，乃鑑文之目，則亦未始不變」（《錢校・時文敘》，卷 18，頁 703），此一警覺，便試圖在生命的座標上，找到共鳴相契的標點，後起的竟陵一脈，格外注意讀者與作者的關係可謂濫觴於此，而此一化民成俗的表現方式，又不脫中晚唐以降以俗爲雅的文化趨向。

總之，中郎之學，伴隨生命實踐與情理之性的探索而來，人生道上，或有歧出，返璞歸眞卻是信守不渝的自我承諾。返本，他找到生命安頓的根源力量，貫通三教的鎖鑰，連帶形成一套與時俱進的文學觀念，即返本處有開新，開拓的新局，雖然屬於中郎，卻通乎時代脈動，碰觸到學術上最隱微難解的課題，生命的奧妙令人贊歎！

參考書目舉要

壹、專著

甲、袁中郎著作、及其箋校、論著

1.《金屑編》，袁宏道，明刊本（清響齋藏版），日本內閣文庫藏。
2.《壇經節錄》，袁宏道，明刊本（清響齋藏版），日本內閣文庫藏。
3.《珊瑚林》，袁宏道，明刊本（清響齋藏版），日本內閣文庫藏。
4.《袁中郎學記》，韋仲公，1979，台北：新文豐。
5.《西方合論》（蕅益大師編《淨土十要》，下冊：455-588），袁宏道，1980，高雄：佛光。
6.《袁宏道集箋校》，錢伯城，1981，上海：古籍。
7.《參禪與念佛——晚明袁宏道的佛教思想》，邱敏捷，1993，台北：商鼎。
8.《袁宏道集箋校志疑》，李健章，1994，湖北：人民。

乙、明代文集與文學論著

1.《雪濤閣集》，江進之，明刊本，台北：中央圖書館藏。
2.《雪濤小書》，江進之，1962，台北：大西洋。
3.《太平清話》，陳繼儒，1968，台北：廣文。
4.《容臺集》，董其昌，1968，台北：中央圖書館藏。
5.《李溫陵集》，李贄，1971，台北：文史哲。
6.《明詩紀事》，陳田，1971，台北：中華。
7.《歇庵集》，陶望齡，1976，台北：偉文。
8.《明代文學批評資料彙編》，邵紅，1981，台北：成文。

9.《焚書・續焚書》，李贄，1984，台北：漢京。
10.《白蘇齋類集》（錢伯城標點），袁宗道，1986，上海：古籍。
11.《公安派文學批評及發展》，周質平，1986，台北：台灣商務。
12.《明清詩概說》，吉川幸次郎，1986，台北：幼獅。
13.《晚明性靈小品研究》，曹淑娟，1988，台北：文津。
14.《晚明小品與明季文人生活》，陳萬益，1988，台北：大安。
15.《珂雪齋集》（錢伯城點校），袁中道，1989，上海：古籍。
16.《明代文學批評研究》，簡錦松，1989，台北：台灣學生。
17.《明代文學研究》，章培恆，1990，江西：人民。
18.《復古派與明代文學思潮》，廖可斌，1994，台北：文津。
19.《晚明文學新探》，馬美信，1994，桃園：聖環。
20.《中國文學理論史——明代時期》，黃保眞、成復旺、蔡鐘翔，1994，台北：洪葉。
21.《中國性靈文學思想研究》，吳兆路，1995，台北：文津。

丙、明代哲學與佛學論著

1.《明儒學案》，黃宗義，1974，台北：河洛。
2.《盱壇直詮》，曹胤儒，1976，台北：中國文學名著集成基金會。
3.《明清佛教史論》（《中國佛教史論集》，冊 6），張漫濤，1977，台北：大乘。
4.《中國哲學史第三卷上》，勞思光，1980，香港：友聯。
5.《王陽明與禪》，陳榮捷，1984，台北：台灣學生。
6.《黃蘗無念禪師復問》（《大藏經補編》，冊 20），無念深有，1986，台北：華宇。
7.《明末中國佛教之研究》，釋聖嚴，1988，台北：台灣學生。
8.《明末佛教研究》，釋聖嚴，1992，台北：東初。
9.《晚明思潮》，龔鵬程，1994，台北：里仁。

丁、明代史料與史學論著

1.《神宗實錄》（《明實錄》，冊 96-123），中央歷史語言研究所，1967，台北：中央歷史語言研究所。
2.《先撥志始》，文秉，1968，台北：廣文。
3.《五雜俎》（《筆記小說大觀》，8 編第 6-7 冊），謝肇淛，1973，台北：新興。
4.《大明會典》，李東陽（申時行等重修），1976，台北：新文豐。

5.《酌中志》，劉若愚，1976，台北：偉文。
6.《定陵註略》，文秉，1976，台北：偉文。
7.《天下郡國利病書》，顧炎武，1976，台北：台灣商務。
8.《萬曆野獲編》(《筆記小說大觀》，15 編第 6 冊)，沈德符，1977，台北：新興。
9.《明清之際黨社運動考》，謝國禎，1978，台北：台灣商務。
10.《新校明通鑑》，夏燮，1978，台北：世界。
11.《明代史》，孟森，1979，台北：國立編譯館。
12.《明史紀事本末》(《四庫全書》，冊 364)，谷應泰，1983，台北：台灣商務。
13.《明史紀事本末》(《四庫全書》，冊 297-302)，張廷玉，1983，台北：台灣商務。
14.《明史列傳》，徐乾學，1985，台北：台灣學生。
15.《萬曆十五年》，黄仁宇，1994，台北：食貨。
16.《明史新編》，陳支平、楊國楨，1995，台北：雲龍。

戊、相關佛學、哲學、美學文學論著

1.《華嚴法界玄鏡》(《大正藏》，冊 45)，澄觀，1959，台北：新文豐。
2.《中國文學批評史》，郭紹虞，1970，成偉。
3.《五燈會元》，釋普濟，1971，台北：廣文。
4.《莊子集解》，王先謙，1972，台北：世界。
5.《樂府詩集》，郭茂倩，1979，台北：世界。
6.《中國詩論史》，鈴木虎雄，1979，台北：台灣商務。
7.《中國文學批評史》，羅根澤，1980，台中：學海。
8.《周作人合集（五）》，周作人，1982，台中：藍燈。
9.《大學衍義補》(《四庫全書》，冊 712)，丘濬，1983，台北：台灣商務。
10.《新編談藝錄》，錢鍾書，1983，上海：中華。
11.《中國美學史大綱》，葉朗，1984，板橋：滄浪。
12.《列朝詩集小傳》，錢謙益，1985，台北：世界。
13.《中國文學批評史》，劉大杰，1985，香港：文匯堂。
14.《美的歷程》，李澤厚，1985，台北：元山。
15.《宗鏡錄》(《禪宗全書》，冊 31)，永明延壽，1988，台北：文殊。
16.《禪宗與中國文化》，葛兆光，1989，台北：東華。
17.《儒釋道與中國文豪》，王煜，1991，台北：台灣學生。

18.《中國文學批評史》，王運熙、顧易生，1991，台北：五南。
19.《金剛經五十三家集註》，永樂皇帝，1992，台北：老古。
20.《妙雲集——淨土與禪》，印順，1992，台北：正聞。
21.《妙雲集——中觀今論》，印順，1992，台北：正聞。
22.《中國禪宗史》，印順，1992，台北：正聞。
23.《文化符號學》，龔鵬程，1992，台北：台灣學生。
24.《印度佛教思想史》，印順，1993，台北：正聞。
25.《佛教思想發展史論》，楊惠南，1993，台北：東大。
26.《禪宗與中國古代詩歌》，李淼，1993，高雄：麗文。
27.《充實與虛靈——中國美學初稿》，曾昭旭，1993，台北：漢光。
28.《文學與佛學關係》，中國古典文學研究會，1994，台北：台灣學生。
29.《中國佛教與美學》，曾祖蔭，1994，台北：文津。
30.《中國禪宗與詩歌》，周裕鍇，1994，高雄：麗文。
31.《儒學與中國傳統社會之哲學省察》，林安梧，1996，台北：幼獅。

己、其他專著

1.《二十二史劄記》，趙翼，1966，台北：中華。
2.《公安縣志》(《中國方志叢書．華中地方，冊 125》)，周承弼等，1970，台北：成文。
3.《中國歷史地圖集》，譚其驤，1982，上海：新華。
4.《中國歷史大事年表》，華世編輯部，1986，台北：華世。
5.《中國資本主義發展史》，吳承明、許滌新，1987，中和：谷風。
6.《中國考試制度史》，沈兼士，1995，台北：台灣商務。

貳、單篇論文

1.〈蒲萄社與公安派〉，梁容若，1971，《作家與作品》：105-115。
2.〈晚明士大夫的歷史命運〉，王家范，1987，史林，第 2 期：頁 29-39。
3.《江進之文學理論與實踐》，林美秀，1988，高雄：高雄師範學院碩士論文。
4.《晚明文人型態之研究》，黃明理，1989，台北：臺灣師範大學碩士論文。
5.〈論前后七子對公安派的啓迪〉，范家晨，1993，陝西師大學報：22．1：47-52。